高等院校教学质量监控与评价体系研究与实践

朱　琳◎著

文化发展出版社
Cultural Development Press
·北京·

图书在版编目（CIP）数据

高等院校教学质量监控与评价体系研究与实践 / 朱琳著. — 北京 : 文化发展出版社, 2023.8

ISBN 978-7-5142-4064-1

Ⅰ. ①高… Ⅱ. ①朱… Ⅲ. ①高等学校－教育质量－监管制度－研究－中国 Ⅳ. ① G642.0

中国国家版本馆 CIP 数据核字 (2023) 第 163114 号

高等院校教学质量监控与评价体系研究与实践

朱　琳　著

出 版 人：宋　娜

责任编辑：岳智勇　　　　责任校对：侯　娜

责任印制：邓辉明　　　　封面设计：守正文化

出版发行：文化发展出版社（北京市翠微路 2 号 邮编：100036）

网　　址：www.wenhuafazhan.com

经　　销：全国新华书店

印　　刷：天津和萱印刷有限公司

开　　本：710mm × 1000mm　1/16

字　　数：217 千字

印　　张：12.25

版　　次：2024 年 3 月第 1 版

印　　次：2024 年 3 月第 1 次印刷

定　　价：72.00 元

I S B N：978-7-5142-4064-1

作者简介

朱琳，女，吉林财经大学企业管理专业毕业，硕士研究生，长春金融高等专科学校教学质量监控与评价办公室助理研究员，质监办诊改科科长，研究方向为教学质量监控与评价、职业教育发展。

成果：作为第二参与人，撰写吉林省教育厅职业与成人教育处“金融高职院校内部质量保障体系建设研究与实践”课题研究报告。此课题研究成果在学校得到实践应用，使学校逐步确立了“数据驱动、双环迭代的内部质量保证体系”的运行模式。在此基础上获得校级教学成果一等奖，在全国高校质量保障机构联盟（CIQA）“全国不同类型高校质量保障体系优秀范例选树”活动中获得全国一等奖；发表多篇论文。

前言

我国高校为满足社会主义现代化建设的要求而不断改革，目前我国高校已经进入了加速改革与发展的时代。高等院校教育教学理论工作者所要面临的重要任务有：加强高校的教育理论研究，促进高校的内部教学质量建设，加速高校的教育教学改革和发展。

中华人民共和国成立以来，虽然我国高等院校教学质量的教育理论研究与学科建设取得了许多进展，但这个领域的建设现状至今尚不尽如人意。我国高等院校的内部教学质量研究还是一个比较薄弱的环节，依旧存在高等院校教育学理论研究本身相对滞后，对我国高等院校内部教学质量发展的实践发挥的指导作用不够，以及高等院校教学质量理论研究的某些方面在一定程度上与实践联系不够等问题。为了改进高等院校内部教学质量建设的现状，长期以来，我们高等教育工作者在此方面做了许多研究，下面本书就将围绕着高等院校教学质量监控与评价体系展开研究。

本书第一章为教学质量监控与评价体系概述，分别介绍了教学质量监控与评价体系内涵、教学质量监控与评价体系原则、教学质量监控与评价体系构成三个方面的内容；本书第二章为高等院校教学质量监控与评价体系研究现状，主要介绍了两个方面的内容，依次为国外高等院校质量监控与评价体系建设、国内高等院校质量监控与评价体系建设；本书第三章为高等院校教学质量监控与评价体系构建，主要介绍了教学质量监控的目标体系建立、教学质量监控的组织体系建立、教学质量监控的制度体系建立、教学质量监控的运行体系建立四个方面的内容；本书第四章为高等院校教学质量监控与评价分类，依次介绍了高等院校质量评价与系（院、部）教学质量监控及评价、教师教学质量评价与学生学习效果评价、课堂教学质量评价与实践教学质量评价、专业建设质量评价与课程建设质量评价四个方面的内容；本书第五章为高等院校教学质量监控与评价体系创新与优化，主要介绍了两个方面的内容，依次为“互联网+”与高校教学质量监控及评价体系融合创新、高等院校教学质量监控与评价体系的优化方案。

在撰写本书的过程中，参考了大量的学术文献，得到了许多专家学者的帮助，在此表示真诚感谢。本书内容系统全面，论述条理清晰、深入浅出，但书中难免有疏漏之处，希望广大同行及时指正。

朱　琳

目录

第一章　教学质量监控与评价体系概述

本章主要从教学质量监控与评价体系内涵、教学质量监控与评价体系原则、教学质量监控与评价体系构成三个方面介绍教学质量监督与评价体系概述。

第一节　教学质量监控与评价体系内涵

一、问题的提出

在教育发展的进程中，教学质量是一个永远不变的话题，多年前就已经被学者们所重视，并且进行了较为深入的研究，教育部门在提升和保障教育质量方面也积累了不少成功的经验和做法。但近年来，随着高等教育学校不断扩大招生规模及高等教育大众化进程的加快，人们又开始担忧教育的质量与水平问题。如何进一步改善教学质量是教育界研究和讨论的热点问题。随着我国与国际间交流不断深化及成功加入世贸组织，国内高校面临国际社会对教育质量的挑战。1998年，中华人民共和国教育部在全国第一次普通高等学校教学工作会议上明确指出，“要继续加强教学质量监督的措施和方法，并使之逐步科学化、规范化、制度化”，关于教学质量监控体系的研究就成了我国教育教学理论的热点。因此，根据高等教育的特点和存在的问题，构建一套与国际接轨的高等教学质量监控与评价体系，积极应对国际挑战，促进我国高等教育的人才培养与世界接轨，创造良好的大学生就业和流动条件，是高等教育面临的全新课题。

教学质量监测和评价体系最早出现在20世纪30年代的美国，并在后期的发展过程中逐渐演化为了一门独立的学科。美国在19世纪后期至20世纪初期，对高等教育取得的效果进行了定量评价。自1933年起，美国进行了长达8年的“教育实验”，这8年间，以“教育目的”为依据，对教育成效进行评价。这是一种科学的评价方式。而经过第二次世界大战之后，世界上许多国家对高等教育的投入都给予了高度关注，并以教育评价为主要的投入基础。联合国教科文组织将评价技术的成熟与否作为评价一国教育质量的重要指标。20世纪50年代建立的国际教育评估协会，促进了世界高等教育评价工作的不断发展。根据2003年国际高等教育质量保障机构联合会的一项统计数据，世界上已有47个国家设立了保证教育质量的组织。从20世纪80年代起，世界各国对高校教学质量管理愈发重视。1993年1月，高等教育质量保证机构国际网络组织已发展为具有34个成员国的国际性组织，该组织倡导各大学立足自身条件，构建符合自身特点的教学质量管理体系。1993年5月，联合国教科文组织为探讨高等教育质量管理中的一些行之有效的方式与办法，举行了高级专家座谈会。英国已建立起一套符合ISO9000标准的教育质量管理体系，这套体系已得到了世界范围内的广泛认可。欧美部分国家的部分学校在教学过程中也制定了相应的教学质量管理制度，从而确保了教学质量。联合国教科文组织于2004年在巴西首都巴西利亚举行的第四届全民教育高层会议，主题就是提高教师队伍素质。

在我国，高等教育质量理论与实践还处在探索和发展的阶段，缺乏系统性的研究与实践，尚未形成一套成熟的理论与方法，而对高等教育质量监测与评价体系的研究则更加凌乱，完全称不上系统。大部分学者在这一领域的研究还停留在理论层次上，主要内容有：从宏观角度来看，高等教育质量监控与评估的对象是指对一个地区甚至是一个国家高等教育的成功和失败；从微观角度来看，它指的是对一所学校及其内部的所有教育活动进行监控和评估。目前对高校教学质量评估的研究主要集中在对教学质量管理系统的定性分析上，而对其进行定量分析的研究较少。作者林昌华于20世纪90年代出版的《学校教育评价》一书中将层次分析法（AHP）应用于高校教学质量的量化评估。他先将影响高校教学质量的主要因素列举了出来，然后再将这些主要因素的次级因素，以及次级因素的再次级因素列举了出来。之后，构建一个判断矩阵，并确定要素的权重，最终得到了关于评价方案中要素的评分标准，利用多级模糊综合评价方法，对高校教学质量展开评估。

从20世纪80年代开始，随着经济的发展，社会的进步，高校的入学率不断上升，高校的资金需求也不断增加，同时资金投入也不断增加。在此背景下，受全球经济发展的制约，教育资金水平的维系与增长都有着巨大的难度，世界高等教育共同面临的问题就是如何提高教育质量的管理及怎样提高办学效益。高等教育质量是国家、高校、社会团体和个体共同关心的问题，并期望高校能在耗费巨额公共资金的同时充分发挥其应有的社会功能。为了更好地发挥高校的社会功能，高校应该主动回应社会的质疑与需求，加强对外合作，并接受外部的评估。

在这一大背景下，自20世纪90年代中叶开始，人们将企业界的全面质量管理思想引进高等教育，并在世界范围内掀起了一场高等教育质量保障运动。德国于1994—1995年间，成立了三家区域性高校评价组织，组建了一个高校质量保证网络，并将其委托给了一家非营利性大学。1999年，日本工程界的一些学术组织联合成立了日本工程教育鉴定委员会（Japan Accreditation Board of Engineering Education），负责认证高校毕业生的工程师职业资格。日本多家商业企业和期刊单位也纷纷出版了本国的高校排名。进入21世纪后，澳大利亚政府发布了一项新的高等教育质量保证政策，该政策的主要特征是将高校质量保证制度由“以管理为工具”转向“以市场为工具”，由“内向型”转向“以人为本”。澳大利亚政府与各高校均已意识到，保证教育品质将会对澳大利亚未来的高等教育市场产生积极的作用。

自1999年开始，我国实施了扩招政策，并在此基础上连续几年不断扩大招生规模，使我国的高等教育在数量上有了质的飞跃，并加速了其走向大众化的进程。1998年，我国高等教育的毛入学率仅为9.8％，至2002年，全国各级各类高等教育的在学人数已经突破了1600万，高等教育的毛入学率达到15％，这也意味着，我国的高等教育已经进入了一个被国际社会所认可的大众化阶段。到了2005年，我国的各类高等教育的总人数已经超过了2100万，位居世界首位，高等教育的毛入学率已经达到了21％。随着高校招生规模的扩大，一个新的社会热点问题产生，即如何保证、提高高校招生的质量。许多人对我国连年扩招所带来的高教规模不断扩大的现状表示怀疑。在学生数量激增的情况下，如何保障我国的高等教育质量？自扩招以来，高校在教育资源承受能力、生源质量等方面存在问题与矛盾，如实验设备、教学设施、校舍、教师及图书资料等资源的增加速度跟不上学生数量的快速增加，这就使得高校的教育资源短缺逐渐成了影响高校人才培养质量的重要因素。随着高校的门槛越来越低，学生的综合素质也良莠不齐，大量以前被排除在高校之外的考生也开始陆续进入高校，他们的知识水平差距不断扩大，这就使得高校人才培养的难度越来越大。再加上高校毕业生人数每年不断增加，导致学生的就业压力越来越大。

因此，我们需要构建高等教育质量保证体系，实现高等教育质与量的协同发展，使其真正成为人民满意的高等教育。国家对高等教育的质量给予了高度关注，中华人民共和国教育部先后提出了“高等教育面向21世纪教学内容和课程体系改革计划”“新世纪高等教育教学改革工程”，制定了《关于加强高等学校本科教学工作提高教育质量的若干意见》，启动了“高等学校教学质量和教学改革工程”。从2003年开始，国家在全国范围内实行五年一次的普通高等学校评估制度。“高等学校教学质量和教学改革工程”在全国范围内正式挂牌。2004年10月26日，“教育部高等教育教学评估中心”正式成立。评估中心隶属于教育部，是一个具有独立法人地位的行政事业单位，它的主要职责包括：按照教育部制定的方针、政策和评估指标体系，对高校、办学机构的教学及专业教学工作进行各项评估；为高等学校的教学改革和评价提供理论依据及政策指导；组织与评价相关的培训及外部交流。在我国，一些省、自治区直辖市的教育行政部门已经成立了如“教育评估院”这样的教育评估机构，并初步形成了全国和地方的双重教育评估网络。很多已经参与了中华人民共和国教育部组织的教学工作水平评估的高校和即将参评的高校逐步设立了校内“迎评办公室”或“教育教学评价办公室”，从而构建了由内到外、内外兼查的高等教育质量保障体系的基本框架。在此背景下，如何推动我国高等院校普遍建立一套行之有效的教学质量保证制度，是一项重要工作。

正如上文所说，目前地方高校所面临的问题是在录取门槛突然下降、学生人数急剧增加的情况下，没有一个完善的校内教学质量监督体系作保证，教学质量就会应声下降，这将对高校的发展产生严重的制约作用，进而影响我国高等教育质量的提高，无法达到扩大招生人数的目标，也难以形成我国大众化高等教育的良好运行机制。本文就是在此背景下，对高校内部教学质量监测系统的建设进行了探讨。

当前，国际上许多高校都在探讨如何保证教学质量，而国内的大学更是把教学质量作为一所大学的生命之本。2003年，教育部时任部长周济在教育部高等学校本科教学工作水平评估研讨班上指出：“在规模扩大的同时，高等学校必须把不断提高质量放在突出位置。”中华人民共和国教育部计划用 5 年左右的时间，对全国所有高校开展一次综合评价，并逐步建立一个 5 年一次的评价体系。其指导方针是“以评促建，以评促改，以评促管，评建结合，重在建设”。通过该体系的综合评估，有力地促进了学校教育教学工作质量的提升，促进了教育理念的转变，加速了教学建设的进程，提升了教学质量，从而保障并提升人才培养质量水平。从这一点可以看出，国家对于高校教学质量的重视。

二、问题研究的意义

在这种情况下，深入探讨建立一套适合我国国情的高校内部教学质量监测系统对于我国高校内部教学的良性发展，以及如何有效地提升我国高校内部的教学质量、促进我国高校内部的教学工作，都有着非常重大的现实意义和现实价值。理论意义主要体现在以下三个方面：第一，有助于充实和拓展教学管理的内容，拓宽研究领域，对于促进高校教学管理的发展具有重要意义；第二，通过对教学、管理等相关领域的理论与实践的借鉴，促进了各领域的交叉与整合，促进了高等教育研究的内部联系；第三，在总体上，把强调“以人为本”的管理学、组织行为理论等理论创新成果运用到教学管理中去，丰富“以人为本”思想的内涵。其现实意义主要体现在以下三个方面：第一，促使地方高等院校管理者对目前教学管理工作中出现的问题进行深刻的思考，从而提高对教学管理工作的重视程度；第二，从系统和整体的视角，建立一套地方高校内部教学质量监测系统，为地方高校教学的发展和改革实现工作方法从“经验型”到“科学型”的转变，以及在我国高校教学发展的影响等方面，提出相应的对策建议；第三，希望本书能为高校教师改进和完善教学管理工作、提升教学质量提供参考。通过建立学校内部的教学质量监测系统，改进和强化学校的教学管理工作，促进教学质量的提升。

三、教学质量监控与评价的相关概述

（一）关于教学

教学在广义和狭义上可以分为两类。从广义上讲，教学是一种专门的教育行为，是指教学的人引导学习的人在特定的文化背景下进行的一种教育行为。狭义上的教学就是学校教学，它是专门指在学校中，由老师指导学生，以特定的文化为对象而进行的“教”与“学”相结合的活动。狭义的教学主要是指各级各类学校中的教学，教师在教学活动中扮演组织者和指导者的角色。21 世纪的教学理念是“教”与“学”相统一，“教”融于“学”，“教”引导组织“学”。

综上所述，在教育目标的指引下，教学是一种由老师所“教”和学生所“学”所构成的一种教育行为。

（二）关于教学管理

教学管理分为两个层次：一是宏观层次，二是微观层次。在宏观层次上，教学管理主要是指由教育管理部门对各级各类学校及其他教育组织进行的教学管理；在微观层次上是一种教育行政行为。本书所指的教学管理是学校内部的教学管理。

迄今为止，人们对教学管理并无完全、统一的认识，各国学者对教学管理的表述也不尽相同。从现代教学管理实践来看，教学管理通常是由教学内容管理、教学组织管理和教学过程管理三个基本部分构成的。教学内容管理主要包括课程体制、教科书制度及课程的设置与安排；教学组织管理主要是指教学管理组织系统的构成、教学人事管理和教学组织形式的选择；教学过程管理一般包括教学目标的设置，教学环境的管理，教学方法、手段的提倡和推行教学效果评定等。本书指出，教学管理是一项由学校管理者按照教育方针、教学计划、教学大纲等要求，利用现代科学管理理论、方法和原则，通过计划、组织、检查、总结等管理环节，对教学的各个方面、各个要素、各个环节进行合理的组合，对学校的各类教学资源进行合理的配置，从而促进学校教学工作正常、高效地运行以达到教学目的的一项活动。

课堂教学作为一种有组织性的教育方式，是一种教师和学生进行交流的特定行为。课堂教学管理就是对这种特定的交流活动进行组织、协调、保障和推动的一系列活动。从广义上来说，班级教学管理就是教师对班级中的人与事、时间和空间等多种要素及它们之间的关系进行协调的一个过程。它可以确保班级的正常进行。总之，它是为保证和推动课堂教育的高效开展而进行的各项活动。

课堂教学管理有以下三点需要考虑的要素。

一是课堂教学管理的目的。课堂教学管理的目的主要是保障课堂教学的正常开展，促进学生的知识、技能、个性等方面的全面发展。

二是影响课堂教学秩序的因素。课堂中，教师往往把影响教学秩序的原因归咎于学生，而很少寻找自身的原因。事实上，影响教学秩序的因素应包括教师因素、学生因素和环境因素。调控好了这些因素及其关系，教学活动的顺利开展、教学质量的提高、教学目标的达成就有了根本性的保障。

三是课堂教学管理的理念，教师应该引导学生的行为，让学生能够从“他律”向“自律”转变，以利于学生的全面发展。

已有的文献主要从宏观层次、中观层次和微观层次三个方面对班级管理进行探讨。宏观层次的课堂教学管理主要是指以国家教学管理部门为主体，对课堂教学进行宏观把握、规范与引导，制定与之相适应的课堂教学管理制度，如对教师课堂教学用语、禁语和奖罚权利进行规定，对从事课堂教学的教师作出明确的关于知识能力和品行等的结构性要求，对从事课堂教学的教师进行职业资格的审定与颁发。宣传为教师的自我发展提供了政策和环境方面的支持，对课堂教学目标的实现和教学质量提出了相关要求和规范，并在整个社会的大背景中对尊师、重“教”和爱“生”的文化进行了引导和宣传，形成了一系列的宏观的班级教学管理活动。中观层次上的教学治理，即由各地的教育主管部门、学校的教学治理部门根据本地的具体情况，制定并执行本地区、本校的教学管理计划、教学目标，制定教师与学生的基本教学规范，制订一套规范的教学制度，并对其进行考核与监督。其中，作为行政机构，如教研室、教务处等，负责对教师的课堂教学进行统筹、组织，并提出建议。在微观层次上的课堂教学管理，指的是师生一起展开的教学课，对课堂环境的建构、课堂气氛的营造、课堂具体问题的解决、课堂教学目标的达成等各个方面进行了协调与组织。它最大特征是，老师和学生都是课堂教学管理的主体，他们可以直接地参与课堂教学，并且主要是利用师生的互动合作来实现具有情景性的教学管理。

在这里重点阐述一下微观层次上的课堂教学管理。首先，就课堂教学管理的内容而言，可以划分为三个层面：课堂教学进度管理、课堂教学纪律管理、课堂教学文化心理建构。课堂教学进度管理主要指的是教师对教学空间、时间、节奏及教学进度等方面的管理。具体内容有：对学生之间的水平差异进行把握，因材施教，进行教学反馈、教学诊断等。课堂教学纪律管理指的是对在课堂教学进行中遇到的常规性和偶发性问题的理性解决，以保证教学进度，从而营造有效的教学氛围等。课堂教学文化心理建构主要为前两者提供服务，以便形成良好的班级教学文化，从而对学生进行正向的引导。其次，从实现的角度来看，班级教学的管理主要是指班级教学中对教师及学生的管理。在“教”的管理上，对教师角色、教师教态、教学技巧和教学效果进行规定和指导，并对教师在课堂上的教学行为作出相应规定。在学的管理方面，要以学生的个体特点、学科要求及教室的环境等要素为基础，有效地组织、协调、决策和优化教学流程，构建一套必要的教学管理体系，并对偶然出现的课堂问题、行为进行适当的把控，对课堂教学的时间和空间进行适当的规划，从而让参加课堂教学的个体能够更好地接受知识、形成良好的价值观。

课堂教学的管理，在很大程度上决定了教学的成效。只有搞好了课堂教学管理，才能更好地调动教师的教学热情，进而充分调动学生的学习热情。许多学者对这一问题做了较为深入和系统的研究。一些学者将课堂教学管理定义为“教室管理”，即处理班级教学环境中的人、事、物之间关系的活动。这个观点更多地反映了一种对教学环境的控制与管理。也有一些人将课堂教学管理视为一种过程，是一种老师对教室中的各类教学要素进行协调，进而高效地完成预先设定的教学目标的过程。也有一些人将其视为一种技术和艺术，认为其是一种教师对教学情景进行管理并对学生的学习行为进行艺术性的组织的活动。在一些国家，课堂教学管理是从课堂管理理念中衍生出来的，例如：约翰逊（Johnson）将课堂管理看作班级团体的创建与维护，从而达到其教育目的的过程；在古德（C.V Good）看来，课堂管理就是为达到教学目的而对课堂教学中遇到的问题如班级纪律、民主作风、教学品质，以及班级组织和同学之间的社交联系等进行解决或指导；埃默（E.T. Emmer）的观点认为课堂管理是一系列的学生及老师等教学参与者之间的行为，目的是促进学生间的协作，提高参与教学的积极性，其内容涉及如何建立并维持课堂秩序、解决学生的问题行为、培养学生的责任心、引导学生学习等；莱蒙齐（Lemlech）认为，课堂管理是一项可以充分发掘学生潜能、提高他们的学业水平并能取得一定教学成果的工作；薛夫雷兹（Shafritz）提出课堂管理是指教师通过一定的制度安排，使班级形成一个高效的学习环境的策略。这些定义中大部分都是从课堂教学管理对象的角度出发进行分析，并进行了具体的界定，具体包括了课堂教学所必需的纪律、秩序维持、行为控制、环境建设以及提升教学效率等方面。①

由此发现，课堂教学管理需要的是师生一起参与，互相交流，有目的、有计划、多维度地对教学管理问题内部和外部的各种因素进行协调，从而实现教学目标的活动。在进行课堂教学管理时，教师和学生一起，对不同的教学内容进行发掘、综合，利用并协调好教室中的各类教学资源，为教学创造良好的环境，营造一个融洽的课堂气氛，从而使课堂教学得以顺利进行，并使课堂教学的价值得到充分的体现。

（三）关于教育质量

1．质量的概念

《辞海》（第七版）对质量的定义是："事物的优劣程度。"尽管词典里说得很通俗，但质量却是一个很难定义也很难衡量的概念。在管理学中，个人或组织对"质量"的认识存在很大的分歧。就像在日常生活中，人们所思考的"质量"与我生活所需的商品和服务有关，而组织或企业也作出了相应的保证，如美国的波音公司，它关于质量的理念是：质量就是为顾客持续提供所需和期待的商品及服务。现代质量管理之父、质量管理大师威廉·爱德华兹·戴明（W.Edwards Deming）教授，指出质量是在全制造流程中产生的，并总结了品质管理的十四项要点。关于质量，许多的专家和学者都进行过研讨，根据对质量管理学科有重要影响的质量界泰斗对质量的论断，我们可以将质量的定义分成两种类型：一种是产品和服务的特性符合给定的规范要求，一般是定量化要求；另一种是符合客户预期的一种商品或服务。第一种类型以菲利浦·克劳士比（Philip Crosby）与田口玄一为典型，克劳士比把质量定义为"质量就是符合规格"，田口玄一则将其理解为"产品投放市场后对公众造成的损害"。第二种类型代表人物主要有：沃特·阿曼德·休哈特（Water A. Shewhart）、约瑟夫·朱兰（Joseph M Juran）、戴明、阿曼德·费根堡姆（Armand Vallin Feignbaum）和石川馨等，朱兰博士的"适用性质量"这一定义被大家所熟知并广为传播，朱兰教授将产品

① 陈时见．课堂管理论[M]．桂林：广西师范大学出版社，2002．

的质量理解为产品的适用性。实际上，在1920年，休哈特教授就曾对质量作出了一个非常深刻的定义，他指出质量具有主观方面（客户预期）和客观方面（与客户预期无关的商品特性）；质量的一项主要衡量标准是在售价下隐含的价值；质量要通过可衡量的量化特性来体现，要将可能的客户要求转换成可衡量的具体的商品或服务以符合市场的需求。由于质量具有主观因素，因此其内涵十分丰富，并会随客户的要求而改变。而质量又具有客观因素，这就要求我们要对其进行科学化的管理。在ISO9000标准中，对质量的定义是“某一种内在特征所能达到的指标”。特性是一种具有明显区别的特征，既可以是固有的也可以是被赋予的，可以是量化的也可以是不被量化的。定义中“要求”的意思是明确的、通常暗示的或者是应执行的期望或需要。可以看到，质量还具备以下四个特征。

第一，质量是一种广泛的观念，它不仅仅是产品本身的质量，还包含了服务质量、过程质量、系统质量等，凡是我们能够触及的东西都有质量。

第二，客户对质量的明确要求是指客户明确提出的要求，而隐含的是指惯例或一般做法，这是一种不言自明的必须履行的要求和期望，是国家法律法规中明确要求的，或者某些强制性的国家标准。

第三，客户对质量的需求会持续变化，所以质量是有时效性和动态性的。因此，企业必须对质量要求进行持续的修正。由于不同的客户对不同的产品、过程、服务或系统的品质有着不同的要求，对质量也会相应产生不同的要求，所以质量有其相对性。组织或企业必须以符合客户需求为原则，对质量进行周期性的检查与更新。

第四，质量观念的核心是符合客户需求，但客户需求的衡量尺度并不相同，因此必须将此“要求”转换成具有指示意义的量化特征，以作为评估、检查与评估的基础。

2. 教学质量的概念

在学校教育中，有思想，有主观能动性，有自我革新能力的学生，就是学校的“产品”。因此，教学质量这一概念的内涵要远大于通常意义上的“产品质量”，其内涵要复杂、深刻、广泛得多。通常，教学质量的好坏反映在学生学习的质量上，反映在学生的思想、身体素质、科学文化知识和心理品质上，其最基本的衡量标准是毕业生对社会需求有多大的适配度。在狭义范围内，教学质量是综合衡量学生能否满足用人单位需求的教学标准条件。在广义上讲，教学质量泛指的是教学产品、教学活动和教学工作是否达到既定的规范、标准和要求。教学质量是指在教学过程中产生的一种价值观念，它与教育过程中人们对教学活动所产生的需求、期待等密切相关。传统的教学质量观念在很大程度上是以对知识的掌握程度和知识水平来衡量的。这种“质量观”既是一种偏颇的观念，也是一种与现代社会、经济和科技发展脱节的“质量观”。高等教育人才培养目的是培育创新型人才，所以，高等教育人才培育着重强调学生的创新能力，使其要学会学习、做事和做人，并把非智力因素的发展、创新能力、国际视野等融入高校的人才培育目标当中，建立全新的质量观念，使学生既能适应社会发展的需要，又能适应个体发展的需要，更能反映出高等教育教学质量的内涵。

在不同时代、不同时期，质量观念本身就是变化的。教学质量在整个教育过程中起着举足轻重的作用。教学质量应该是质与量的统一，即学生的知识、能力、智力、情感、意志、人格等各方面的发展水平是否符合高校教育人才培养目标的要求。

“标准”一词包含两层意思，一层是衡量事物优劣的标准与尺度；另一层是对某一特定目标所提出的卓越水平的要求。对“教学质量”概念的认识，将会对教学质量概念的界定产生重要作用，这也是为什么人们对教学质量概念认识不清的原因。1989—2007 年，关于不同层次的教学质量评价的文章只有 19 篇。鲍伯·史密斯（Bob Smith）相信，对教学品质的衡量大致可分为四个方面：背景、发展、内部一致性、外部一致性。英国教育学家克里斯多弗·温奇（Christopher Winch）曾将教学效果作为衡量教学质量的尺度，并将其定义为增值评量；将教学活动作为评价的尺度，把教育质量定义为好的教育实践；从学生的需求角度出发将大多数学生的学习质量定义为能够使大多数学生获得最大满意度的教育；以均等主义为标准，对教育质量的定义是：达到最大限度的教育平等。苏联学者马尔科娃（Markova）在其著作《大众的教育质量》中认为：“质量就是教育部门所必须具备的水平，也就是一个由社会所确定的，关于毕业生应具备的能力、能力、行为和价值观的量化指标。”研究发展中国家教育的西方学者毕比（Beeby，C.E）提出，可以从课堂概念中的质量（校长眼中可测量的学生对知识和基本技能的掌握情况），市场概念中的质量（经济学家眼中根据生产力来测量），社会的个人判断中的教育质量（根据个人、国家设立的最终目标来判断）三个方面来衡量高校的教学质量。根据美国学者艾斯丁（Astin，A.W）的观点，教学质量的衡量标准不应以一所大学的声誉、教学内容及教学成果为依据，而应以提高学生的心智发展为目标。瑞典的教育工作者托斯坦·胡森（Torsten Husen）认为，质量是一种在学校中所能达到的某种教育目标，教育的质量是毕业生的质量满足社会及受教育者需求的程度。

综上可见，关于教学质量标准的概念尽管众说纷纭，但这些讨论也反映了一些问题。首先，教学质量标准与企业产品或服务质量标准不同，是变化的质量观。质量的优劣主要取决于客体本身的性质和特定主体的需要。有所不同的是，企业管理中的产品或服务质量是“死”的质量。评价质量也能够全部转化为有指标的质量，即质量特征、质量参数与质量指标系列，可以用国际标准、国家标准、部颁标准、企业标准进行衡量。教育界对于“质量”这个概念普遍认同的一点是“合乎需要”。相比“质量”而言，教学质量是一个广泛而多维的“活”的概念。其次，教学质量是一种有别于“教学管理质量标准”的概念，其价值导向和实质特点不能因其内涵、分类而被抹杀。例如，教育哲学家麦克·伯特利（Mike Bottery）从教学质量管理的角度把教学质量分为：传统的质量（traditional quality）、专家的质量（expert quality）、科层官僚的质量（bureaucratic quality）、“热”管理的质量（hot management quality）、“冷”管理的质量（cold management quality）、消费者的质量（consumer quality）和公共质量（public quality）。我们对教学质量的探讨不能仅局限于评价、监控、保障等管理角度，更应当从教学质量的现实角度出发，提出更有针对性的前瞻性、战略性意见。避免因忽视教学质量的内涵而“为秩序而管理”“为效益而管理”“科层制管理”的情况。最后，也是最重要的一点：因为教育质量是一个多元化的、变动的概念，所以对于教学质量的正确判断及对不同质量标准之间关系的谨慎处理，是影响教学质量的关键因素。教学质量概念除了具有广泛性，还由于教育阶段和门类的不同而具有多层面性；教学质量受发展规模、速度、时空等因素的限制，具有相对性和发展性的特征；人才培养的要素，形成的过程及外在环境等因素的作用，使其呈现出复杂的特征。教育的整体性、综合性决定了教学质量是一个系统。总之，教育的需求是多元的，办学主体是多元的，学校类型是多元的，专业门类是多元的，教育目标是多元的，培养方式是多元的，学生个性发展是多元的。所有这些都验证了菲利普·库姆斯的深刻分析：事实上，质量和水平是相对的，是相对于特定时间、地点及特定的学习者和他们所处的环境而言的。

3. 高等教育教学的社会服务质量

在《21世纪的高等教育：展望与行动世界宣言》中，联合国教科文组织提出了高等教育教学质量是一种包含高等教育各项职能和活动在内的多维度观。在宏观制度层面上，这是对过去（高等教育）质量定义的重大突破。高等教育教学质量不仅是培养人才的单一质量，也是指高等教育系统的质量，代表着整体的质量。其在科技发展与文化发展中所发挥的功能、对社会与生活所起到的作用等，都是进行素质评估时所要考察的内容。这就要求我们树立一个全面的质量观，对高等教育教学进行全面的评估，而不仅仅是对某个方面的判断。从整体上来看，高等教育教学质量主要反映在高校能够满足经济、社会和公众对高校的要求的特点上，也就是高校的社会服务质量上。高校的办学特点包括三个方面：适应性、多样性与发展性。

（1）适应性：高等教育教学质量的本质特性。教育的社会价值可以满足社会需要、促进社会发展。因此，要准确地反映社会需求，并根据社会需求来把教育搞好。这既是教育发展的基本特征，也是提升教学质量的基本要求。高校的基本职能是为社会提供各种层次的高级专业人才，为社会提供科技成果和与之有关的服务。高等教育教学质量的适应性指的是高等教育为满足受教育者个体学习需求所提供的教育服务，以及所培养出来的人才能够满足国家和社会高质量发展的需要。上海师范大学原校长杨德广把能适应社会需要的人才均视为高质量人才。高校所培养出来的人才即便是知识渊博、素质较高，也不能为社会所用、不能满足社会需求，更不能称这所高校有高质量的教学。在一些学者看来，高校也是有目标市场的，无论是教育服务，还是学生产品，只要可以精确地与目标市场的需求相匹配，并且可以满足目标市场的要求，那这样的高校都属于高质量的。毕业生的综合素质就代表着一所院校教育教学质量的好坏，毕业生在劳动力市场上的竞争能力基本上反映着社会对某所院校毕业生素质的综合评判水平。高等教育的发展与变革，一定要符合经济发展与转型升级的需要，也就是说，教育部门所培养的不同行业与数量的劳动力要在结构上与经济部门的需求保持一致，只有如此，才能最大限度地提高教育教学的效率。相反，如果教育部门所培养的专业人员在结构上存在不合理的问题，导致专业不对口、大材小用等现象，即便他们的个人素质很好、水平很高，也无法达到教育效益。当“教育商品”无法与生产相匹配时，它的价值将无法得到社会认可，属于“无效供给”。其非但不能从根本上解决教育与经济发展之间的匹配问题，反而会让这一问题变得更糟。当教育结构和经济结构不匹配时，既有人才剩余，也有人才不足。这样的话，也就谈不上教学的品质了。20 世纪的“质量”是生产质量，而 21 世纪的“质量”是适应性质量。

（2）多样性：高等教育教学质量的自然特性。在联合国教科文组织的《关于高等教育的变革与发展的政策性文件》中，我们看到了一种积极的应该大力提倡的多样化发展。高等教育大众化的发展历程表明，多样化发展是实现高等教育大众化发展的必然选择。学者普遍将它的出现归结于三个原因：一是社会对人才的规格、类型和层次等需求的多样化；二是对受教者所需的多样化要求；三是学校的经营主体与经营方式为多种方法解决经费所形成的多样化。大众化高等教育的多样化特征决定了我们必须树立一种与其相适应、互相促进的多样化的高等教育教学质量观。

20 世纪 90 年代初，在一些学者看来，高职高专与一般大学在质量标准上存在差异，不能把高职高专与一般大学的质量标准等同。“高等教育大众化的发展的前提是要实现多样化，多样化的高等教育应该具有不同的培养目的和规格，因此，也应该具有多样化的教育质量标准。”1998 年首届世界高等教育大会中的《21 世纪的高等教育：展望与行动世界宣言》明确提出：“高等教育质量是一个多层面的概念，在对其进行评价时，要兼顾多样化，不能‘一刀切’地使用单一指标。”多样化如果随意化，没有根本的质量要求，就不可能成为一种质量标准，这也是世界上最近数十年来的一个重要经验。为此，蔡克勇教授建议我们应该采取多样化与统一性相结合的办法。目前，我国应该转变以“大一统”为高校教育教学发展与革新的目标，转而以“多样性”为主要目标。多样化的教学质量标准包括了对精英的教学质量标准。学者们援引马丁·特罗（Martin Trow）关于“精英教育与大众教育共同存在”的论断，指出大众化时期，就整个高等教育的发展来说，并不排斥将精英式教育视为其不可取代的一部分。对这一部分人才仍然要坚持精英教育的培养目的和标准，以提高人才质量，并且还要根据社会的发展和科学技术的进步，加强其对知识的掌握。而作为开展精英化教育的高校，更是肩负着培养高素质优秀人才的重任。

提升高等教育教学质量，首要问题是要以何种尺度度量与评估高校教学质量与教学成效。所谓“尺度”，实际上是大众对某一产品质量的观念。而高等教育教学质量观正是人们对高等教育教学本质的一种理解，它是高等教育教学的目标与价值取向的一种表现。但又因为高校的“质量”是一种具有历史意义的概念，所以难以形成一个统一的评价标准。随着社会发展水平的变化，高校办学水平也在发生着变化。在过去的精英教育时期，高等教育教学质量观是学术上的质量观念，把大学视为一个专门的科研机构，它的目的是培养具有学术科研态度和科研能力的人。不管高等教育教学怎样发展，传统的高校都要发展科学，并维持其在高等教育教学中的学术独立性。所以，在精英型高校中同样存在以“高级专业人才”和“研究人才”为主要培养对象的现象，其对人才的评价以基础厚实、逻辑严密为标准。而在大众化时期，因为社会需求的多样化发展，学校培养方式、专业的多样性不断丰富，导致了高校教育教学质量标准的多样性，从而使高校的质量观念变成了既满足个体需要，又满足社会需要的总体质量观。高校已经不再是封闭的象牙塔，它已经完全融入了社会的各个方面。另外，由于受教育者的背景差异、知识基础差异、教育需求差异及兴趣爱好和智力特点的差异导致他们在普通高校中已经不再按照一个严格的、预先设定的模型进行培养，而是自我成长。很明显，自进入大众化时期以来，以精英教育为核心的单一教育质量观念已经无法满足大众的需求。但是，本文相信即使是这样，精英式教育也不会消失，反而将与大众化教育共存，并且将在大众化高校培养精英人才中持续发挥其功能。实际上，在高校整体逐步向下一阶段转变、容纳更多学生、发挥更多作用的时候，其仍然保留着原有的模式。因此，在当前的大众化时期，高等教育教学质量观更是多元质量观与个体化质量观共存的。我们不能以精英化教育的目标规格、学术取向和水准来衡量大众化高校的教育教学质量，也不能以大众高等教育教学的目标和规格、专业取向和水准来评判精英教育教学的质量。我国高校在发展过程中应当根据自身发展阶段的具体情况，确立与之相适应的办学目标。作为高等教育主体层面的本科教育，不仅是一所高校存在与发展的基础，更是多数高校适用的通用教育，因为不同本科院校的人才规格、培养目标有差异，所以在教学质量的理念上也具有一定的个性特点。因此，用人单位对人才培养数量和规格的需求和满意程度，以及学生对学校所实施的教育方法的认可程度，已经成了高校本科教学质量评价的新标准。培养基础宽厚、知识面广、能力强、素质高的人才已经成了高校本科教育的新型人才观和质量观。

（3）发展性：高等教育教学质量的时代特性。20世纪90年代初，随着沿海经济发展对人才的需求越来越大，有些学者就提出了高等教育教学必须加快发展这一举措，认为只有高等教育教学同步发展才能解决这一问题。21世纪初期，“发展”被视为质量观的一个重要组成部分，并把量和质视为一对矛盾统一体。然而，就目前的社会经济发展情况而言，数量上的短缺是最突出的矛盾，当前发展高等教育教学事业是首要任务。质量的发展理念，包括三个方面的内涵：一是建立为高等教育教学发展服务的质量观。这说明，根据目前我国高等教育的现状来看，要想提高高等教育的教学质量离不开发展。所以，我们建立的高等教育教学质量观，应当是以发展为中心、为主体的质量观，而非制约高等教育教学发展的质量观。二是坚持以发展的眼光看待高等教育教学质量，以不断发展的方式来解决高等教育教学所遇到的质量问题。针对由高校持续扩大招生所带来的资金短缺、后勤保障困难、毕业生就业难的问题，综合拓宽发展思路，转变发展理念，就能使其得到很好的解决。三是质量观念是不断变化和发展的，我们不应该抱着一成不变的发展观念不放。质量准则是一种优先的准则，高等教育在不同时期发展时既要关注数量，又要关注质量，但同时也确实会优先考虑质量标准的某一方面。目前，我国高等教育应以满足大众对教育的需要、提升大众的文化水平、推动社会经济发展为首要任务。因此，在不同阶段，我国所制定的质量准则也应有所变化，如此才能对我国的高等教育教学事业有所裨益，才能避免偏离或束缚高教事业的发展。

高等教育教学质量水平的高低，归根结底是人才培养质量的优劣。以发展性的质量要求为导向，实现人才与社会需求相结合，以适应和满足未来社会发展的需求。对高等教育教学质量水平的衡量应该把发展性质量作为评价高校办学水平的重要指标。对于高等教育教学质量观来说，教学质量同样是一个十分模糊且经常引发争议的概念。国内的学者从多个方面对此进行了定义或阐述，现在主要有三个比较具有代表性的观点：第一，教学质量是一种可以用来鉴别教学过程及其效果所具有的，可以用来判断其是否满足规定的要求的所有特性和特点的总和。第二，教育质量是指在一定的教育目的下，老师所教授的内容和学生所学习的内容是否符合教学目标。第三，教学质量是一个持续发展的系统，它是学校办学和教学管理的总体结果，是一个持续发展的动态过程。从以上的定义中，我们可以很容易地发现，教学质量明显地不再是一成不变的概念，而是不断对人才培养活动的成效进行检测，并推动学校的教学活动持续朝着期望的方向发展的一种管理手段。从本质上来说，教学质量是满足个人、群体和社会显在或潜在需要的能力的特征的总和，其主要特征如下。

第一，本质属性，即适应性。在整个学校教育教学质量中，教学质量是最重要的，是一个具有特殊性的有机体，高等教育教学的社会价值就是满足社会需求、推动社会发展，而社会想要检验高校的教学质量，就必须要看高校所培养的各种不同类型的劳动力在结构上与经济社会部门的需要是否相匹配，与时代的发展和变化是否相结合。

第二，表现属性，即多元性。高等教育教学目标的多样化导致高校的教学质量也呈现出了多样化的特点，全面的教学质量不但要注重教学过程及其影响的内部和外部特点，而且要注重社会和学生对高校教学的需求，即高等教育体制内有一种强调学术水准的教学与科研，强调学科与专业的内在逻辑与科学的趋向。同时，高校教学的实际应用也越来越受到社会的重视。

第三，动态属性，即相对性。质量与层次是相对的，它与具体的时间、地点、学习者及其所处的情境有关。

第四，社会属性，即整体性。教学质量是一种有具体内涵的资讯组合，也就是社会对人才的要求及高校与社会需要相匹配的资讯组合，这与培养人才时涉及的德、智、体、美的教育水平有关，是人才的思想素质、专业水平及精神素质的综合。

由此，我们提出教学质量的定义要考量两个方面：一是教育决策者、家长、学校行政人员、教师与学生对教学质量的满意度；二是教学质量在多大程度上满足了社会大众的需要与期待。

（四）关于教学督导

在《说文解字》中，许慎说："督，察也。"意思是察看。"导，引也"，有"引领”“开启”“激励”“教导”的意思。督导，最根本的含义就是督察、引导。“督”具有督促作用和评价作用，而“导”具有引导的作用。“督导”意蕴的关键在于正确认识“督”与“导”，把握其主次关系与侧重的取舍。在经历了数年的探讨与历史演进后，人们确定了当前普遍接受的“督导”的内在联系：“督”与“导”相融合，以“导”为主；以“督”为先决条件，“导”为“督”的深入；“督”为手段，“导”为目标；“督”为方法，“导”为内容；“督”是辅助性的，“导”是主体；“督”要做到精准、务实，“导”要做到真心诚意、循循善诱。

1991 年，由中华人民共和国国家教育委员会发布的《教育督导暂行规定》将“教育督导”定义为：“对下级人民政府的教育工作、下级教育行政部门和学校的工作进行监督、检查、评估、指导，保证国家的有关的教育方针、政策、法规的贯彻执行和教育目标的实现。”但是教学督导与教育督导之间存在不同之处，教学督导是在校长或有关部门的领导下以国家有关政策、法规和学校制定的规章制度为依据，遵循一定的工作原则、程序和办法来对学校的教学工作展开监督、检查、评估、指导，并将信息反馈给学校领导、相关部门及督导对象，为学校领导提供决策的活动。一些专家和学者认为教育督导是由学校领导授权的教育督导机构和工作人员，对学校的教学工作和教育质量进行监督、检查、评价、指导等一系列活动的统称。通过对教学督导本质的定义，可以看出教学督导在学校中不具有任何的行政功能，对学校的教学工作没有任何的决定权、处理权和指挥权，但是可以对学校的教学工作起到监督、检查、评价和指导的作用。

《中华人民共和国高等教育法》于 1999 年 1 月发布，其中明文规定：“高等学校办学水平、教育质量，接受教育行政部门的监督并由此组织评估。”从而确定了国家对高等教育质量实施监测的权利与职责。在 2000 年，中华人民共和国教育部在文件中提出：“建立科学合理的教学评估督导体系，形成分析、评价、反馈制度，营造良好的教学环境，达到最佳的教学效果。”“实行教学工作督导制。选择一批热爱教育事业、教育思想先进、有丰富教学经验、工作认真负责的老教师（包括退休教师）和有专业管理经验的管理人员组成教学工作督导组织，进行经常性的教学工作督导，及时提供质量信息。”在中华人民共和国教育部的指导下，各高校纷纷建立了自己的教学督导组织，在重点对相关教学过程进行检查与监管的过程中发挥了自己的作用。在现代教育行政理念下，教学督导具有狭义和广义之分。在狭义范围内，教学督导就是监督指导教学，侧重于课堂教学，并对其进行监督、考核、评价，当前一些高校的督导组织就是这样一种“小督导”；从广义上讲，教学督导是指由国家教育管理部门所领导的机构，即集“督教”“督学”“督管”于一体的，具有行政指令、执法严肃性和专家督察权威性的督察机构。“督教”是对教学的监督；“督学”是监督学生的学习活动与质量；“督管”是要监督学校的教育工作环境，检查、监督和评价学校的教学管理工作。一些高校的督导组织是这样一种“大督导”形式，他们把督教、督学、督管有机地融合起来，主动地参加教育教学工作，扮好“学校顾问”的角色，积极为师生服务，对监测教育教学质量起着举足轻重的作用。

（五）关于教学质量监控与教学质量评价

“监”一词，从字意来理解有监测、监察、监督的意思。所谓“控”，是控制和调控。“监”“控”相结合，主要意思是监管和控制。就其内涵而言，教育质量监测还应包含“监”与“控”两部分内容。“监”指的是监督教育的进程与结果，“控”指的是基于科学监管，对监测所得的数据进行综合处理，从而实现对教学活动的有效控制。其中，“监”为根本，“控”为反馈。

“评价”“评估”“评定”“评比”是现代社会常用的一类词汇，也是现代社会尤其是教育界经常进行的一类活动。评价就是按照一定的标准对客观事物所作出的价值判断。英文“evalution”，既可以译为“评价”，也可以译为“评估”。评价与评估因为其含义大致相同而往往被互用。评估的实质就是价值判断，所以使用评价更能反映价值判断的本质特征。

对一件事情的价值进行评判和度量即为评价。教学质量评价指的是以教学目标和教学原则为依据，运用一切可行的评价方法和技术对教学过程及预期的效果进行价值上的判定，以提供信息、改进教学并对被评估对象作出一定资格的证明。换句话说，教学质量评价就是以教学目标为基础，制定科学的标准，运用有效的技术手段，对教学活动过程和成果进行的价值评判。

教学是教育事业的核心，是培养人才、实现教育目标的基本盘。要想提升办学水平，首先要提升教学质量，而办学水平又需要有与之相适应的教学质量标准和要求。以质量衡量标准和要求对教学质量进行评测的方法就是教学质量评价。所以，教学质量评价指的是运用各种可能的评价技术，以教学目标和教学原则为依据，对教学过程和教学目标的一切效果进行价值上的判断，从而为改善教育教学和对被评价对象作出准确的评价提供信息的活动，即根据一定的标准、采用科学的方法对教学活动所作出的价值判断。关于教育质量的评价，虽然可以有多种不同的表达方式，但本质上都是教学过程与结果的价值评判。

对教学的每一个环节和最后的成果都进行一系列的管理，包括对教学的整个过程和各种教学要素、教学管理环节进行的检查、评价、反馈、指导、调控、改进等管理活动依照高校预先设定的教学质量监控和评价。其指导思想是：坚持以人为本的科学发展观，贯彻国家的教育方针，按照高等教育教学的基本原则，强调高校教学的特点，与区域经济社会发展的需要以及对人才的市场需要相适应，对高校教学的特点实行依法监管，从而实现对高校教学的科学评价、对教学的导向、对高校的决策、对高校的及时调控及对高校的发展起着积极的推动作用。

（六）关于教学质量评价与教学督导的关系

1. 教学质量评价与教学督导的内在联系

教育质量监控评价与教学督导同属教学管理的范畴，并且同为教育行政体系的分支。对此，一些专家和学者提出了一些看法，即把评价作为教学督导工作的一项内容，同时也是进行教学督导的一种方式。教学督导工作的开展，实质上是对教学质量进行评测的内容。为了加强教学督导工作的科学性和权威性，有必要对教学督导工作进行评测。由此可以看出，教学质量评价是教学督导的手段，教学质量评价以教学督导为基础，两者所作用的对象是相同的。

无论是教学质量评价还是教学督导工作，都应该以国家制定的教育方针、政策、法规为基础，在自己的职责范围之内开展，其根本目的都是要确保教育方针、政策法规的落实及教育目的的达成。它既可以为学校的教学活动提供信息，也可以为学校的管理工作提供有用的依据，对提升教师、学生的整体素质和教学质量起到积极的作用，进而对改善学校的管理起到积极作用。

同时，教学质量评价与教学督导工作具有共同的基本原理与要求。“督”是教学督导工作的方法，“导”是目标，“督”是“导”的充分条件，“导”又是“督”的必要条件。只有完成教学质量评价这一目标，才能促进教学建设。“导”与“评”都要有足够的理论做支撑。指导与评价的对象与范围及指导与评价工作的方式方法都具有一致性。“导”与“评”都要具有高度的可信性与有效性，要坚持客观的原则，采用科学方法全面地收集资料，从而实事求是、客观公正地反映教学现状，为学校及整个教学质量的发展提供基础理论。

2. 教学质量评价与教学督导的区别

教学质量评价与教学督导在本质上是两个不同的概念。教学质量评价是一种鉴别性的活动，它的实质是对教学的价值进行评判；教学督导的实质是对教学进行监督考察的工作。

在教学质量评价与教学督导中，其各自的目标是不一样的。教学督导的主要对象主要是资深教师、退休教师和教育行政人员，其客体对象则是教学行政管理的所有领域，主体与客体之间并无上下层次的联系，且不具有行政性；在教学质量评价中，主客体之间经常存在上下层次的行政关系（除教师对学生的评价、教育者之间的评价）。

在工作的内容和手段等方面，教学质量评价与教学督导的工作是不同的。教学督导通常在高校中进行，其工作的方式也是多种多样的；而教学质量评价是现代教学管理的一种主要方法，它不只存在于学校内部，同样在教学活动的各个场景都有存在。相较之下，教学督导倾向于以定性为主，其有可变性与权威性；而教学质量评价倾向于以定量为主，更具科学性、鉴别性与监督性。

教学质量评价与教学督导在其职能上不尽相同。教学督导具有显性的功能，具体表现为监督、检查、评价、指导、咨询、调解、协助、指导和反馈等功能。教学质量评价具有评估、判断与评价、肯定与引导、激励与改进等功能。其中，测评、判断、评估和鉴定可以在教学质量评价的过程中得到最直观的反映，它是一种显性职能，而导向、激励、改进等职能想要体现出来的需要被评价对象接受和认同，它是一种隐性职能。

3. 教学质量评价与教学督导具有目的的一致性

毫无疑问，教学质量评价和教学督导工作都有着共同的目标，即保障和提升人才培养的质量。规范化的教学督导应是具有科学性和严肃性的工作，同时要使督导的成果能够定量并令人信服。教学督导中的“督”与教学质量评价中的“导”，都包含着帮助和引导之意，具有引领和帮助的功能。教学质量评价和教学督导之间存在诸多的内在关系，这都预示着在进行工作时，要将教学评价的思想充分地应用到教学督导工作中，并利用教学质量评价的技术和方法，将其与教学质量评价相结合。教学质量评价是教学督导工作的重要组成部分，是其工作的一大侧重点。要使教学督导工作更具科学性和权威性就必须充分发挥教学质量评价的作用。基于此，学校利用教学督导的方式可以按照教育行政部门的要求及学校工作的具体情况，对原来的教学质量评价的标准、方法和程序进行动态的修改，从而让教学质量评价的实际作用得到提升，使其更加科学化、规范化、合理化、实用化，同时更具权威性，从而在学校的教学管理过程中能够更好地发挥其职能。

第二节 教学质量监控与评价体系原则

教学质量监控与评价是一种对教育过程进行控制与调节的行为，人们对高等院校教学质量监控与评价规律的期望与理解应作为高校的监控与评价原则。

高校教学质量监控与评价的标准是其开展相关工作的基础，是工作者在参与这一活动过程中应当遵守的基本原则。在实施过程中，要合理且科学地组织好质量监控和评价活动。遵循高校的教学规律，是进行监控与评价的基本原则，客观印证高校教育质量及其规律，要从质量监控与评价的基本特点与原则入手，还要综合考虑工作中有关的多种要素，以达到教学质量监控与评价规律的一致性。可见，建立监控与评价指标体系对工作的开展是十分必要的。

一、导向性

进行高等教育教学质量监控与评价工作，要以马克思主义为指导，以全面贯彻党的教育方针、促进人才培养及人才质量的提高、促进师生发展及学校发展为目标。结合高等教育教学的规律及特点来制定监控与评价工作的基本原则。高校要把工学结合与职业活动作为发展方向，把现实作为情景，把课题任务作为介质，把学生的能力训练作为重点。在课堂上，要灵活多样地激发学生的学习热情，调动学生的积极性，课堂质量的好与坏取决于能否提起学生的学习兴趣及其对知识的掌握，取决于学生学习能力的培养与提高。对教学质量进行监控与评价，就必须紧紧围绕着这个问题，并以此为基础，对指标体系和权重进行合理规划，使其与高校的发展方向保持一致。对教学工作进行有效的监控和评价，从而可以判断教学质量；这一体系预示了教育活动的走向，并可以体现教育目的实现的水平；同样可以验证教育者的职业素质与水平；反映了受教者的学习成果、素质与能力的提高情况。开展质量监控与评价工作，反映了学校的办学目标和人才培养目标，同时也是对学校和教师工作进行科学调控，进而让教学与时代和社会的需要相适应。

发展才是正确的道路。在教学质量评价中，要侧重教师和学生的共同成长。就教师与受教者的发展而言，层次上可以有高低之分，目的上可以有距离之别，但必须符合多数人的发展趋势。每个人在质量监控中，在自评或他评的鼓励下，在各个层次上，一步步地完成一项又一项成就，感受胜利的快乐，激发教师和学生自我的超越。对于学生的评价来说，评价的结果要反映出对教学质量的检验，而检验的目的应该要反映在学生的学业上。因为，只有在学习过程中学生掌握了知识，提升了自己的素养，得到了能力，他们才能够证实教师的教学是行之有效的，意味着学校的教育是成功的。与此同时，质量监控与评价工作也要发挥它应发挥的指导功能，让评价对象能够确定自己努力的方向，在评价内容、评价方式、评价过程的选择和评价结果的运用上，都要将评价的根本目标，即促进教师进步、学生成长、质量提高、学校发展作为评价的起点，将被评价者的工作热情完全激发起来，从而让质量监督与评价工作真正发挥导向、激励、指导、调控的作用。

二、客观性

高校教学质量监控与评价的客观性主要体现在评估的指标系统具有一定的自主性及评价结论的客观性两个方面。与单纯依靠人的主观意愿进行的监控与评价工作不同，其最重要的特征就是其具有相对独立、客观的性质，而要应用这一性质，还必须有一套完整的、科学的管理方法。

高校教学质量监控与评价是一种十分繁复且科学的工作，监控和评价的客观性将会对其有效性和可靠性产生较大的影响。所以，在对高等教育教学质量进行监控与评价的时候，一定要按照高等教育的教学规律，并与高等院校的教学工作的特征相联系，严格遵守规范化、标准化的程序及科学的、客观的监控与评价标准，立足于客观事实，将客观条件与人的主观能动性相联系，实事求是地进行监控与评价。将工作过程进行公开，要让每个评价对象有公平的待遇，要做到能够客观、公正地反映教学情况，同时还要消除一切可能的无关因素的影响，防止感情色彩和主观臆断的随意行为影响评价。评价过程要做到公开透明，评价结果须及时公开，让被评价对象能够第一时间知道信息，从而保证监督与评价具有客观性、权威性。

三、全面性

在“大督导”中，综合性就是将影响和制约教学质量的所有要素及工作中的每一个细节都纳入监控和评价之中。特别是督导工作已经不局限于过去简单地督导教师这一行为，还应当包含督学（学生的学习状态和学风）和督管（与教学有关的学校管理）。

要对教育工作中的每一环节和每一具体的指标进行全面、恰当的监控和评价，不要过于强调某个环节或某个指标的影响。在质量监控和评价指标的设置上，要关注教学过程产生的各个环节，从多个方面反映监控和评价的整体效果；从监控与评价参与的主体来说，不仅要有监控与评价的各个层面的他评，还要有被评价者的自我评估；在被评价的客体上，包括老师和学生，以及各单位和个体；从监控与评价的方法方面来看，所采集的信息要足够全面，要有高度准确的信息来源，不可听一人之言。同时，要考虑不同的监控者与评价者所处的角度不同、对事物进行分析及判断方法的不同而可能影响监控与评价的客观公正性。当然，对于具有不同属性、功能的各项指标，要有一定的权衡，要适当地发挥其作用。

“全面性”还包括“全员”“全程”的概念，将质量监控和评价工作覆盖到学校师生工作和学习的各个环节，并将其贯穿于学校整个人才培养的全过程。

四、科学性与可行性相结合

监控评价方案、指标体系及监控评价活动与高等教育的客观规律相一致，与高校的客观依据和实际情况相一致，与教学流程中的规范要求相一致才能保持高校教学质量监控与评价工作的科学性。评价指标及权重的设定要与学校教学部门和师生的教学活动及效果高度相关，从而可以准确、客观地反映教学效果。

监控评价工作及相关评价人员应以严谨、科学为原则。在建立监控和评价指标体系时，要对监控和评价目标的特性进行深刻的剖析，找到被评价对象内在的各个要素。在设定评价指标、划分层次或等级、确定权重时保证指标的客观公正性。同时，监控和评价的方式要科学，开展监控和评价工作时方式方法要尽量做到现代化，以确保监控和评价的时效性与准确性。

可行性是指监控评价方案的可实现程度、监控与评价对象的可比性指标体系的可测性和监控评价工作的简易化。要想让质量监控评价工作能够在较大的范围内持续有效地进行，质量监督与评价方案、方法就要从现实入手，力求简单、切实可行。监控评价指标的定义应当是监控评价对象通过自己的努力而实现的。监控评价体系的可行性主要体现在三个层面：一是评价指标要科学、可行；二是教师、学生及整个社会对评价与管理的认同及期望水平；三是评估其与现有的教育管理体系的契合程度。

高校教学质量监控与评价是一对相互补充、相互促进的矛盾统一体。监控评价工作的科学依据是其可行性，监控和评价工作能否成功开展要以评价工作的科学可行性为基础；而监控评价工作能否顺利进行，则取决于监控评价体系的科学性。只有将两者有机结合起来，才能确保监控和评价工作真正发挥作用。

五、量化评价与质化评价相结合

量化评价与质化评价是两种侧重方式。量化评价是指对教学质量监控与评价目标的量化分析与对比，它注重数量，具有直观分析评价因素的特点。量化评价以数字为依据，着重于数量化的计算，尤其是其具有客观化、标准化、精确化、数量化、简单化等显著特点而为大家所广泛认可，并且在某种意义上发挥选拔等目标作用。然而，量化评估通常仅注重受测者的素质和行为，忽略了个体个性和个体区别，将个体的精神发展和行为表达简单地转化为一串具象的数字。

对评价客体的条件与品质进行的评价称为质化评价，以定性为主，具有综合性、模糊性强的特点，同时会注重事情的主要因素和实质。质化评价注重观察、分析、归纳和描述，注重“质”的培养，注重教学成果与教学目的的连贯性，注重对个体优势和劣势的系统性考察，对个体特点作出“质”的剖析和说明，是一种有实质内涵的评价体系，更符合当代人文精神和发展观念。

质化评价以文字解释为主，量化评价以数值与评分为主。从总体上讲，量化考核具有方便、易于对资料进行整理、增加考核精度、注重客观公正、降低人的主观随意性、方便分级等特点。在对教学质量进行监控和评价时，很多因素及其重要性都可用数字来指代。运用模糊数学、统计学等理论与方法，尽可能地将所获得的数据进行定量化处理，从而使得监测评估结果尽可能地客观、准确。然而，教育作为一种综合性的行为，其结果往往是一种精神产物。影响教学质量的因素很多，有些因素很难用数据和量化进行衡量，定量评价常常将一些无法量化的问题排除在外。学校教育是一项育人的活动，它的各项管理工作也不应该完全采用定量评价。定量不是万能的，全部采用定量评价既难以实现，也不科学。由于许多指标难以量化，所以若要量化评估，其评分标准也难以掌握，如教师的道德品质和学生的道德品质。质化评价侧重于评价人的内心感受和看法，它着重于与评价对象进行观察和沟通，从而完成评价，但是它很难确保评价的客观性和公平性，而且在评价过程中还会出现评价结果比较模糊的问题，具有很大的灵活性，很难准确地获得评价结果。一个科学的评价系统应该把两者相结合。量化评价采用传统的得分制度或等级制度，而质化评价则采用谈话、听取评价的方式，两种评价相互补充、相互运用。能够定量的，就定量计算；不能定量的，就不要勉强，对于一些比较难定量的，可以采取一些定性分析的方式，进行全面的评价。所以，在对教学质量进行监控与评价的过程中，不仅要对其进行定量分析，还应该对其进行定性分析。量化用数据说话，质化用事实说话，要将两种方法有机地联系起来，让准确量化与模糊量化相互补充。数量和质量是一件事情的两个层面，数量离不开质量，同样质量也离不开数量，应当使其相互联系、相互促进、相互补充，把它们统一起来进行评价工作。质化是量化评价的充分条件，不考虑质化评价只做量化评价会偏离事实。面对这种情况，一方面，在进行考评时应该尽可能地将定性与定量两种评价方法进行结合，同时，评分标准也不能过于详尽；另一方面，不能单纯地以测评得分高低进行排名或者设置奖罚。

此外，对于某些定量评价的内容，在量化管理的同时也不忽略人文关怀和情感管理，将量化考核与人文关怀有机结合，让师生尽可能多地感受到工作和学习的愉快。

正因如此，在评价指标体系的设定上，不仅要有一些能准确评价的定量指标，还应该有一些主观定性的情况，这一情况来自师生对学校、部门或师生个人的建议和意见等。事实上，对于学生和老师而言，这种具体的资讯远胜于一个数字定义。将量化评价与质化评价相结合，使监控与评价的科学性、客观性得到了加强，从而提升了监控与评价工作的效率，提升了教学质量。

六、静态评价与动态评价相结合

静态评价是指评价对象的目标已经实现或符合条件的评价。其特征在于没有将被评价者未来的发展趋势作为考虑因子，而是分析评价对象在其过去一定的时间和空间内的实际状况，从而可以清楚判断该对象是否已经满足了某些条件，从而方便进行横向对比。其不足之处在于不方便进行纵向对比，也不方便掌握被评价目标的历史行为与未来发展潜能，无法实现综合评价。

动态评价指的是对评价对象的发展状况进行的一种评价。其特征在于不仅会关注实际状况，还会了解其过去的历程和未来的进步能力，并将重点放在了纵向对比上。所以，运用动态评价，能够分析被评价对象的发展趋势，掌握其发展规律，有利于引导和激发被评价对象的积极性。其不足之处在于难以进行横向对比。

传统的教学质量评价主要集中在静态评价上，对被评价对象在规定时间范围内教学的各类因素进行评价，优点是可以规定时段进行横向比较，但评价结果不具有延续性且无法考量评价目标的变化性，缺少被评价目标的纵向可比较性，不能体现被评价目标的发展走向。要想提升教学质量评价的层次，必须将静态评价与动态评价有机地结合起来，构建一种发展性评价模型，对评价对象的实际情况和具备的能力进行分析，同时对它的过往情况和发展变化走向进行清晰的认识，这样才能更好地发挥评价的引导和激励作用，更好地对被评对象进行全面、准确的评价。

七、他人评价与自我评价相结合

多数学校实行的考核评价方案一般是由学校固定的考核评价机构对照考核标准查阅相关资料后作出的评价。部门或师生个体一般只作为被考核对象，在整个评价或评估过程中处于被动地位，一般没有自主评价的机会，更谈不上自主评价能够占多大比重。要想对教育者进行有效的监控和评价，就必须将他评和自评有机地结合起来。现代教育质量监控和评价的目的既在于对被评价对象进行定义，又在于“以评促进”，通过评价来使对象发现自身的不足并改进。所以，高校的教学质量监控和评价既要有教学行为全部参与者的评价及社会的他评，也要有被评主体的自我评价。如果没有被评价主体主动参与，评价就会丧失其自身价值。基于此，被评价者的自我认知与自我评价是确保评价全面、公正的关键，没有被评价者对自己教学质量的自知与态度，评价将会丧失最主要的依据，则无法确保评价的客观、公正。需要指出的是，被评价对象参与评价时，应将其视为参与评价的一个主体，既享有自我评价的权利，还拥有对评价结果进行解释的权利，这既是对被评价对象的一种尊重，又可以通过解释申辩促进双方之间的交流，从而更好地改进工作。

八、终结性评价与形成性评价相结合

终结性评价是以结果为依据对其价值作出的判断，是一种教学后的评价，侧重于研究评价对象的工作成效。从某种角度来说，教学质量评价是对教学目的实现情况的一种检验，因而应当关注终结性评价。例如，在评价院系等教学组织机构时，既要考虑受教者的受教情况，又要考虑其就业情况；既要关注就业率，又要关注就业质量。然而，教学活动的结果是在教学工作的过程中产生的，教学过程会影响教学工作的最终效果。因此，在进行一次科学、高效的教学评价时，要注重对形成性评价的关注，注重形成性评价也是目前世界上教育评价活动的主流发展方向。形成性评价是指一种在活动中发生的、对已发生的教育行为进行的评价，其作用是改进正在进行的教学行为。有学者认为，在质量管理方面，目标定位是前提，制度健全是基础，过程管理是核心，教学评估是手段。在过程管理中可以将教学过程划分为专业建设过程、教学组织过程、教学运行过程、学生学习过程。这四个过程又可以划分为若干个关键教学环节和主要教学环节，这些环节又可以再分成若干个监控点。例如，教学过程包括教学准备、教学实施、课后总结与反思。只有对这些监控点进行认真的监控，才能把教学工作的过程管理落到实处。以学校教学工作为基础，每年进行主要数据的收集分析，体现了对教学管理过程的关注，旨在引导各院校将重点放在学校的教学管理、基础建设和精神内核建设上，逐渐形成以学校为核心、教育行政部门为引领，社会共同参与的教学质量监管体系。

九、持续改进，自我完善

教学质量的持续改进是所有学校发展的永恒主题，高等院校也不例外。学校只有不断地进行教学质量改进，才能适应经济发展的需要，适应社会进步的需要。一方面，社会积累的各种知识在不断增长，科学技术的发展日新月异，企业对员工的知识结构、创新能力等要求越来越高，学校必须从教学计划、课程设置、教学方法、教学内容、教学管理等诸多环节上进行改进和适应，才能保证并不断提高教学质量；另一方面，学校之间的竞争不断加剧，社会对高技能、高素质人才及教育质量高标准的需求越来越明显。同时，越来越多的国外教育机构也已陆续加盟到我国的高等教育事业之中，对我国的高等院校来说，无论是公办还是民办，路只有一条，那就是让学校的教学质量得到有效的保障和持续的改进，使培养的人才符合用人单位的标准，能够满足顾客的需要。因此，学校的质量建立在市场需求的基础之上，质量监控、评价和质量保障等工作也必须不断地自我完善。可以这样认为：学校的质量监控与评价机构将和工厂的质检部一样成为各个高等院校的常设机构，质量监控评价和教学督导工作也将成为学校工作的重要组成部分，质量监控评价和教学督导工作也将越来越规范，效率也将越来越高，研究成果也将越来越多。

第三节　教学质量监控与评价体系构成

高等教育教学质量监控与评价体系可以确保高校教学质量，是将人才的需求及社会的需要视为教育教学工作的最终目标，对高校各级有关组织结构进行合理调整、对各种教学资源进行整合，以有关教学信息的收集、处理为核心，将严谨、务实、有效的规章制度作为基础，对各种教学过程、教学活动进行规范，形成可以促进高等教育发展和院校文化内核提升的教学质量风气，进而实现高等教育教学的培养目的。

在这个系统中，对教学进行管理的机构及个人作为主体推动体系运行，围绕着教学信息的采集与处理，以管理规范为介质，以教学过程为客体，以提升教学质量为目的，各因素之间相互协调、促进、和谐发展，形成了一个具有科学性与严肃性的良性循环体系。在体系之中，组织结构与规章制度体系要与人才需求与社会需要紧密结合，这是该体系在实际工作中能够得到充分实现的重要支撑和基本保障，也是高校建立教学质量监控和评价体系的关键所在。

高校的教学质量监控与评价必须遵循高校教学规律并结合高校自身的特点，建立相应的监控与评价体系。把全面提升教学水平和人才培养质量作为最终目的，把人才培养目标和教学环节质量标准作为理论支撑，对教学质量管理制度进行持续优化，进而构建一个具有全员参与、全面管理和全过程监督特点的教学质量监控与评价体系。

高等院校教育教学质量监控与评价体系主要涉及决策与咨询体系、教学质量目标体系、教学质量监控组织体系、教学质量标准体系、教学质量监控方法体系、教学信息收集与反馈体系、教学质量监控评价体系与 ISO9001：2000 质量认证体系的关系，下面对其作出解释。

一、决策与咨询体系

决策与咨询体系是高校教育管理体制改革的重要内容，其由学校教育管理相关部门与人员共同组成。决策与咨询体系是高校教育管理体制改革、建设与发展的统领，是高校教育管理体制改革与发展的重要组成部分。以教学质量评价与信息反馈处理体系和咨询体系所提供的信息为依据，动态调整教学目标、教学过程和质量标准，决定教学中的重大议题，为实际执行部门提出建设性方案，对各部门的职责和权限进行明确和监管，对各系统、各部门之间的关系进行协调，确保高校教学质量监控及评价工作稳定、协调、有序、有效地开展。

二、教学质量标准体系

高等教育教学质量监控与评价工作以教学质量标准为理论依据。各高校结合自己的社会属性、办学特点、人才培养方法等各个重要的教学环节的实际建立教学质量标准体系，确保高校的教学质量及人才培养目的得以实现。高校的教学质量评价指标根据其发展历程可划分为教学目的、教学理念、教学计划等。

各项教学质量标准应该符合学校整体目标，符合教育教学规律，体现现代教育思想，体现改革、创新意识。

教学质量标准在一定时间内是相对稳定的，但又是具有动态性的。随着科学技术的进步和经济的发展，社会对人才质量将会提出新的要求，教学质量标准也应该与时俱进，与时代共同发展，以适应用人单位新的需要。

三、教学质量监控方法体系

教学质量监控方法体系主要有以下分项：信息采集、信息处理和评价方式等。其主要意义是保证各类信息通道的通畅及信息的高效、正确的收集，同时，保证各类信息都能被及时、高效地反馈给有关部门和评价人员，并对其进行高效的追踪和检查指导。

四、教学信息收集与反馈体系

教学信息收集与反馈系统是质量监控及评价体系中的一个关键环节，它是学校进行教学质量监控并提高教学质量的关键保证和有效方法。通常情况下，这个体系是由院校的教育科研及质量监管中心等部门来完成的，收集、整理和分析院校在教育教学工作中的相关信息、资料和数据，从而可以对学校教学情况有全面的把握。

教学信息的内容包括宏观信息和微观信息。宏观信息包括政府及教育主管部门有关高等教育的政策、文件、发展动态，与学校教育相关的社会政治、经济信息，学校运行状态，学校当前的教学质量状况，各阶段影响学校教育教学质量的因素和主要因素，教学质量的发展趋势等。微观信息包括课堂教学秩序情况、课堂教学质量抽查及考评情况、实践教学各环节的运行状况、学生评教情况、试卷抽查情况、考试和监考情况、网上信箱中师生交流情况等方面。有的院校建立了教师教学工作档案数据库，设立了教学工作网上个人平台，随时反映教师课程教学情况、学生评教、考核组评估、试卷评估、教学研究成果、教学事故、调课记录、代课记录等各类教学活动记录，逐步形成了有价值的教学质量监控数据库。

教学信息的收集渠道主要以教学质量监控运行系统中实施的各项监控活动获得的信息为主。此外，学院（校）的 BBS（电子布告栏系统）、院（校）长信箱及各种座谈会、专题调研、个别访谈等都可以收集大量的教学信息。根据收集的质量信息，在分类整理的基础上分别处理。信息处理主要有两项任务：一是在信息处理后进行综合判断，对照学校确立的目标和制定的标准对信息进行分析，对目标的完成程度进行判定，判定教育教学举措和所开展的工作是否与目标及质量标准相一致，从而达到宏观控制；二是通过对问题进行分析、诊断，确定问题所在，从微观层面进行剖析、控制，然后用科学的方法对收集得到的信息进行整理、统计、分析、判断。

教学信息反馈的方向是多向性的，不仅要在监控机构内部进行反馈，同时要将宏观信息准确、全面、及时地传递到调节系统中，为执行者或执行部门作出正确的决策提供一个可靠的基础。有些信息应反馈到各相关部门，使其能够及时对工作进行调整和改进；还有些信息可以按其内容的不同以不同的方式及时反馈给被评价对象或有关师生，便于他们及时地改进教学工作。

根据教学目标及质量标准，对所收集的信息在进行分析评价反馈的基础上采取相关调控、调整等管理措施进行及时调控。在实践中，调控一要及时，二要有效。要通过调控，优化结构、改进工作，更好地实现学校的目标，达到自我约束、自我完善、自我改进的目的。

五、教学质量监控评价体系与 ISO9001：2000 质量认证体系的关系

ISO9001：2000 质量管理和质量认证体系是一种由国际标准化组织为企业制定的国际性质的质量管理认定标准。其核心是将传统的以成果（产品）评价为基础的质量管理转变为以过程为中心的实时控制。也就是对形成最终结果（产品）进行的全过程控制，对图像质量的每个环节展开监测、纠错、反馈与修正，以确保每一过程质量管理都可以变成在严格监控之下的全面质量管理。该体系的内容可以归纳为“三全”，即全过程、全方位、全员性。具体来说，就是要把质量管理的实施贯穿于整个过程中，影响整个体系的方方面面。它要求所有的工作人员都要参加，所以这一系统非常适用于每一所高校。近几年来，许多高等院校都已采用该体系，并通过了质量认证。

谈到教学质量监控评价体系与 ISO9001：2000 质量认证系统的关系，应该说两者既有互相平行的协同关系，又有互相包含的从属关系。从协同关系的角度看，在两者的目标及价值方面，两者具有一致性，都是教学质量管理的一种方式、一种手段，且各自均自成体系，目的都是为了搞好学校的质量管理；从从属关系的

角度看，从学校教学质量监控评价体系的视角来看，可以把ISO质量认证系统作为监控评价体系中的一个重要组成部分，认真地落实了ISO9001：2000质量认证系统也就抓好了教学质量监控；从ISO质量认证系统的视角来看，做好教学质量监控与评价工作有利于实施ISO质量认证系统。当然，除前述的两者均自成体系外，两者的区别还在于ISO质量认证系统是对物质产品的质量认证，有它特定的系统规范要求，而教学质量监控评价工作的产品是人的心理特性和精神特性，是精神产品而非物质产品。由于各校在此项工作方面的做法均不相同，目前尚无固定的规范与稳定的操作系统，即使自认为已达到非常成熟、比较完美的境界，但也无认证及授权。

总而言之，在学校构建好一系列的教学质量监控与评价指标体系及长效评价机制之后，质量监控评价部门就可以以决策咨询系统的论证和教学质量标准为依据，设置合理、有效的监控点，有组织、有计划、有标准，定期地对学校的教学工作和教学效果进行全方位的综合评价。在确保教学质量信息客观性、科学性、系统性的前提下，通过质量监督评价部门对评价信息及各教学管理部门的相关质量信息进行了收集、整理和综合分析，并将教学质量信息及时地反馈给学校领导及教学管理部门和被评价对象，让决策咨询系统和教学管理与制度系统能够对学校实际运行状态、教学效果与预期目标的匹配程度及与社会需要的程度进行客观的评判，从而找出各个环节中存在的问题，以便能够及时地进行相应的整改，对专业培养目标、培养方案和各个教学环节的质量标准及教学管理制度进行持续的改进，确保学校的教学质量能够得到稳定的提升。

第二章　高等院校教学质量监控与评价体系研究现状

本章将重点对研究课题现状展开具体论述，站在宏观视角，通过分析国内外高校在教学质量监控及评价体系建设两方面的实际情况，为后续研究提供充分的参考依据。

第一节　国外高等院校质量监控与评价体系建设

一、国外高校教学质量监控与评价体系分析

（一）英国高校教学质量监控的做法

英国高等教育可谓历史悠久，为国家培养了众多优秀人才，并且在世界范围内有很大的影响力。其之所以能够取得如此成绩，在很大程度上得益于高校内部先进、完善的教学质量监督与管控机制，该机制主要涉及的内容主要有以下四个方面。

1. 社会监督

所谓社会监督，指的是非高校人员也可以加入院校管理行列当中，他们通常来自与教育事业发展有关的社会组织，具有一定的社会代表性，如能够为学生提供经济支持的地方政府、为学生提供就业机会的企业单位等都会派遣内部人员深入高校相关部门。同时英国《泰晤士报》每年都会设置专题专门介绍国内优秀大学，它不同于常规的简单介绍，而是投入了大量资金邀请业界权威人士提供客观、专业的评价信息，然后将评价结果在各大媒体平台公布，舆论效果显著。虽然部分高校管理者对此并不认同，但是也没有权力干涉社会评比活动的进行。在这样

的压力下，英国高校在经营与发展的过程中自然不敢疏忽懈怠，整体教学质量也能够得到有效保障。

2. 教育部门的监督

教育部门监督主要涉及两方面，一个是教育审计，一个是教育评比及科研评比，前者通常由督导团负责，后者则由教育基金会负责，近些年来备受关注，毕竟无论是教育评比，抑或科研评比都和教育经费有着紧密的联系，高校不得不对此引起重视。对于英国高校教师而言，日常工作除了基本的课堂教学，还需要完成科研任务，因为如果没有科研，教师便只能借助外界所学按部就班地进行教学，无法引导和带领学生发现新的问题。现如今许多新思想与新观念也是通过科研得出的，所以高校鼓励甚至要求教师创作、发表论文，并将其作为综合评比的重要参考。

3. 平行监督

一般情况下，平行监督存在于高校与高校、教师与教师之间，相当于同级间的互相监督，如在高校评卷的过程中，试卷成绩往往是由两名教师共同评阅决定的，这样做可以在很大程度上减少教师主观因素对于成绩的影响，为评定的公平公正提供一定保障。同时参与成绩评定的教师也不单单只有系属教师人员，高校还会从其他大学邀请相关专业的优秀教师给出评定意见。需要注意的是，邀请的外部教师不仅要具备良好的教学水平与教学资历，而且就业年限最好在三年内，如此才可以确保学生最终成绩的客观性。

4. 教师对学生的监督

在和谐、民主观念的影响下，英国高校内部师生关系非常融洽，彼此之间亦师亦友。这里的民主并非只是一个口号，而是真正意义上的平等，如在学术研究过程中，如果学生不认同教师或教科书中的言论，可以直接提出反驳观点。进入一定学段之后，高校还会为每个学生提供表现自我的机会，让他们负责主持一场学术研究大会，围绕着学术专题阐述自己的想法与结论，然后参与会议的其他人根据其论点提出疑问，最后由主持会议的学生完成答辩。除了民主观念的作用，友好的师生关系也归功于教师负责的工作态度，因为在英国高校明确要求导师定期和学生单独见面，了解学生个人的学习情况及答辩结果，高频率的接触无形之中可以有效地增进彼此的感情，使得师生之间相处得更加友好、亲密。

（二）美国高校教学质量监控的做法

美国高校教育之所以能够得到国际认可，在很大程度上归功于完善的教育评估机制，它涵盖了与高校教育相关的多种鉴定制度和评价制度。首先，院校鉴定制度，其指的是站在宏观角度将高校作为一个系统，考察其教育任务、教学宗旨、发展趋势、教育规划、科研成果、培育机制、人才团队、内部管理、基础建设、设施设备、综合实践等情况，通常由所在地或高校的鉴定团队组织开展，在综合考量各个高校建设规格、所处层次、所作贡献之后得出最终结果；其次，专业鉴定制度，其围绕着高校人才教育计划，引入科学的鉴定标准，定期开展评估工作；最后，许可与评议制度，一方面是面向学生进行测试考试，目的是考察他们的个体能力，并将其作为专业培养计划评选的参考依据，另一方面是通过大学排行的形式确保高校教育质量。由此可见，美国所实施的鉴定制度本质上就是高校自发参与的常态化自我约束活动，也是实现高质量教育的重要保障机制，具体表现在以下六点：①以统一的标准衡量高校教育成效，能够公平公正地保障教育质量；②利用完善的评价与规划机制，引导高校主动改进教育质量；③让高校确立系统的教育目标，并在后续运营与发展过程中沿着目标的方向不断前进；④向高校提供专业咨询服务或能力范围内的帮助；⑤推动高校教育全面发展，早日实现教育目标；⑥为高校教育职能的发挥及学术自由发展保驾护航。

同时为巩固教学质量，越来越多的高校选择在内部组织教学评估活动，该活动形式比较多样，常见的有教师评估、教学评估、毕业生审查等。如美国南加州大学，其打造了一套专门进行教学质量评价的电子系统，秉承“以人为本”的原则，校内学生可以直接使用电脑对任职教师课堂教学质量提出反馈意见，同时每名教师都需要在系统中录入年度教学情况，然后教学评价委员会在经过教师业绩调查、整理、评分之后交由院系主任统一下发，使教师能够及时了解自身的不足和需要改进的地方。除此之外，因为教学质量评价属于发展性评价，所以高校会要求所有学员定期公布内部教师评分结果，并按照不同的教学成效为教师调整薪酬，如高分教师的薪资在原有薪酬的基础上增加 5%，中高等分数教师薪酬增长 3%，以此形成激励效应，带动教学质量的稳步提升。

（三）法国高校教学质量监控的做法

严谨可以说是法国高校教育最突出的特色，进入21世纪以后，为了在国际上取得更多的竞争优势，提高高校对于优质人才的吸引力，法国开始迈向教育改革之路，其改革方向主要包括以下六点：①为满足现代发展需要，将教学的重心转移到实践上。②进一步强化学生的课堂参与度，教师授课期间也会通过启发性讲解的方式，为学生提供更多发表个人见解的机会。③增加科研在教育领域中的比重，适应学科发展的需要，鼓励教师尝试跨学科研究。④充分重视自选课及选修课。⑤赋予高校更多的自主权，同时适当提高相关人员的工作权限。⑥针对部分综合性大学或偏重于文理教育的高校，根据实际需求另设新的专业，尤其是近些年比较流行的新兴领域。

这些改革措施的推行能够在一定程度上为高校教育质量的改进提供保障。因为法国将教师教学当作一项重要的使命，所以即便是基础课，也会聘用具备良好学术造诣的优秀教师，并且要求教师要及时将所得科研成果应用于课堂教学当中，使高校教学质量始终保持在高水平范围。

（四）俄罗斯高校教学质量监控的做法

俄罗斯与法国一样，在近几十年当中陆续落实了多项改革措施，具体如下。

1. 专业与课程设置

俄罗斯教育部门在相关文件中明确规定了高校教育标准，所有高校在实施教育工作的过程中都要以此为依据，尤其是课时安排方面，无论是课程量，抑或课程分类情况都要严格按照文件落实，不过这并不代表高校没有自主权，高校可以结合实际需要灵活设置教学方案，如对学科与教学计划的调整。同时随着专业综合化的发展，为更好地凸显重点专业的价值、扩大专业覆盖领域、提高专业适用性，高校对人文类学科的重视程度越来越高，甚至取缔了部分存在政治倾向的学科，并且对课程内容进行了完善与优化，使高校教育与社会发展的联系更加紧密。

2. 教学与科研

为进一步促进科研领域的发展，俄罗斯教育委员会为国内高校提供了多种资金扶持渠道以保证课题经费充足，同时制定了科学的竞争机制，将军事科研与民用科研联系起来，让更多高科技产品走出国门，迈向国际，通过开展系统化评定工作以提高科研成效。此外，为激发高校教育工作者的科研热情与潜能，投入的科研经费逐年递增，不少高校收到的科研经费已占据总经费数额的九成以上。可见，俄罗斯正在打造一种全新的专业教育模式，围绕着知识这一核心，将市场人才需求作为教育的主要方向。

3. 招生考试制度

招生考试制度在很多国家都很流行，设置的目的在于人才筛选，同时确保高等教育的整体质量，能够有效控制和减少社会不公现象，为贫困家庭和生活在偏远农村的学子提供同等的发展机会。更重要的是，可以帮助政府更高效地实施教育质量管理和监督工作。

4. 教学质量认证制度

为巩固高校教育质量，早在 1993 年相关部门便已出台认证方案，规定所有高校都要定期配合做好教学质量认证工作，若是在这个过程中没有顺利通过认证，那么便意味着该所高校参与认证的专业将被收回文凭发放的权利。不过近些年来，为了响应改革的号召，提高认证工作质量和效率，俄罗斯成立了专门的评估机构负责教学质量认证，同时在改革期间，政府将拨款衡量标准从原来的人数转变为成绩，为更多学生提供了享受补助的机会。

5. 教学方法

科学的教学方法可以有效改进教学效果，俄罗斯在该方面改革的核心是实施个别化教学，其也被当作一个行动指导方针，致力于打破传统教学的瓶颈，从根本上强化教学质量，具体措施如下：首先，缓解高校学生的学习负担，适当降低必修课的课时比重，鼓励学生自主学习，如果遇到难解的问题可以向教师请教；其次，控制每名教师需要管理的学生数量，必要时减少个别专业的录取名额；最后，将个别化教学融入实践，扩大选修课范围，让学生选择自己感兴趣的学科学习，赋予他们更多选择自由的权利。

（五）印度高校教学质量监控的做法

据调查了解，印度高校教育质量在近些年来呈下降趋势，为改善这一现状，教育部门出台了诸多控制措施。

1. 成立质量鉴定委员会

从 20 世纪末开始，印度政府便已经意识到国家存在的教育问题，考虑高等教育质量始终没有得到改善，国内也没有任何专业的质量评估机构，于是在 1986 年颁布了《国家教育政策》，内容中指出要组建鉴定委员会重点针对高校开展定期评价工作，不久之后，在拨款部门的协助与支持下，委员会得以顺利建成，主要负责监督与鉴定教育质量的工作。

2. 实行“学位与职位分离”

从 1978—1986 年的 8 年时间里，印度高校拨款组织及教育部陆续出台了多个文件，内容中重点强调要将学位和职位两个概念区分开来，从而在源头减少学生升学及就业等方面的心理负担，并且将其作为教育改革的基本原则，具体规定如下：第一，考虑到不同类型的岗位对于人才有着不同的要求标准，所以在筛选求职者的过程中要求企业不能只注重其专业成绩与毕业文凭；第二，以社会需求作为人才培养的主要方向，使教育和就业紧密相连，为不同就业方向的学生制订不同的培养计划，提高教育的针对性，并且政府与教育部都要承认人才培养计划下学生所获得的技能证书及文凭；第三，用人单位应尽量避免将学位作为人才筛选的硬性条件，所谓学位和职业相分离就是为了避免出现学生盲目追求学位的现象。

3. 严格的招生与考试制度

对于高校学生来说，每学期的考试以及毕业考试都是一项艰难的挑战。因为印度高校作为命题机构拥有庞大的题库资源，所以无论是教师，还是学生都无法获知考试范围与复习的重点，只能根据教学大纲实施全面复习，虽然成绩是以百分制计算的，但由于涉及范围广、内容难度高，及格的标准往往较低，只要学生的成绩超过 35 分便判定为及格，如果学科平均成绩在 70 分以上便可以称为优等生。特别是文科专业，题量尤为突出，并且要求学生要在规定的时间范围内将试卷写满，而考卷通常在 20—30 页左右，相当于一本小册子，是高校对学生最基本的考试要求。据统计，1997 年，曾有九千多人将印度理工大学作为高考第一志愿填报，最终仅有 5.3 % 的人进入面试环节，成功被录取的学生不到 3.2 %。

4. 重视培养学生的语言能力

印度高校将国际通用的英语作为基础教学语言，甚至其地位超过了本土语言，高校对于学生语言能力十分关注，尤其是师范专业，其语言类课程课时占比非常之高，因为只有教师具备良好的语言能力，才能够保障学生语言能力的培养与提升效果。因此，在这样的培养模式下，大多数印度人都非常健谈，即便是在众人面前进行演讲也能够轻松驾驭场合、有理有据地侃侃而谈。1998 年，一名拿到诺贝尔奖的学者在接受访谈的过程中也曾指出，自己之所以能够拿到这一奖项，在很大程度上是得益于印度人能言善辩的优势。

5. 采取措施，遏制人才外流

自 1991 年各大技术园区与科技园区开放以后，相关人才的需求量呈指数型上升，这也是印度当地为留住国内人才及吸引外流人才的战略方案之一。由于印度在没有做好充分准备的情况下进行高校的扩充，致使高校教育质量受到了严重影响，且长期没有得到改善，所以政府组织成立了专业的质量鉴定委员会敦促高校不断提高教育质量。由此可见，盲目的扩招会对教育质量造成不利影响，要想解决该问题，首要工作就是要做好保障措施，构建科学的质量监督与管理体系。

二、国外教学质量保障体系建设措施和模式的借鉴

虽然国外教育质量保障工作很早便已经兴起，相关体系制度也越来越完善，但由于不同国家的实际国情存在较大差异，其质量保障措施的效果并不相同。如英国，作为应用教育质量保障措施非常早的国家，在经过多次教育变革洗礼之后，相关保障体系也更加完善、具体，并且已经形成了自身的专属风格，无论是教育评价系统，还是质量保障体系都与当代教育需求十分接近，对于我国的教育发展具有一定的借鉴价值。

21 世纪，高等教育的普及使得高校教育质量受到了一定挑战，质量问题也随之增加，不少发达国家已经将改善教育质量列入教育改革计划当中，并出台了多项政治制度与规定标准。事实上，从 1970 年开始，德国政府便颁布了政策文件，指出高等教育改革要做到数量与质量齐头并进，只注重高校数量的扩展显然难以达到预期人才培养的目标，保证质量才是改革的关键所在；1987 年，美国政府出台了《美国大学教育》文件，内容中主要对分裂的学校相互矛盾的重点和对利益的竞争降低了本科生教育经历的学术和社会质量，并且限制了学院更有效为学生服务的能力进行了明确的论述；法国政府也认为，教育质量是实现高等教育现代

化的必然选择与发展趋势。还有一些国家将教育质量维护当作一项必须履行的责任与义务，也是衡量高校教育意义的重要参考和依据，如荷兰和新西兰专门制定了针对高校内部评价的管理措施，包括强化师资团队、优化课程内容、创新教学模式、打造全新的评价体系等维护高校教育质量。不过因为不同国家在教育领域有着不同的理念与渠道，教学质量往往特色鲜明。

（一）英国大学本科教育内部质量保障概况

英国的高校属于自治组织，以独立为基本原则，高校教育质量通常由自身负责，无论是在教学计划、专业设置，还是在文凭评定标准方面都肩负着重大法律责任，同时承担着为社会培养所需人才、解决业内竞争、构建质量保障体系等经营压力。对本科高校而言，其质量保障体系覆盖校级、系级两个层面，一般情况下，校级交由高校校委及学术委员会监督管理，系级则由学术委员会独立负责，主要是对教育质量措施进行必要的审查与评估。在这样的教育模式下，高校教师相当于教育质量保障中的核心主体，日常工作除了筛选教材、规划教学内容、进行教学辅导、选举高级管理者，还拥有参与竞选的机会。需要注意的是，教育保障活动通常是基于以下三个环节进行的：第一，新兴课程的查验；第二，课程监督；第三，教学规划的评估。因此，英国各个高校在评定教学质量的过程中往往会引入与之相契合的三种方式，也就是自我检查、教学反馈及同行意见，通过系统性的整合应用，可以很好地形成教学质量保障，其具体做法如下。

1. 建立完善的质量管理制度

第一，高校具备符合质量管理规定的措施保护与战略定位，这一点在高校教育文件中便可见一斑，如教育发展报告、教学研究报告、课程调查报告等；第二，高校出版与质量保障体系密切相关的教育文件，如课堂体系计划手册、学术管理手册；第三，实现质量评估步骤与流程的透明化，如教学评估计划、教育质量进度评估，当然也包括流动教师的聘用要求与学生学分制安排。

2. 设立负责质量保障和提高的主管人员

英国所有高校都会在内部设置多个主管岗位，然后将选配好的主管人员安排在各个院系当中负责教育质量保障工作，通常这类主管人员是从院系负责人及资深教师中选取，他们的具体工作内容如下：监督管理教学活动中有关学术标准操作的实施情况；做好与贯彻质量保障政策负责人之间的沟通与交流工作；兼任所属院系教学委员会的领导助手；为上级提供学术评估的参考资料，成为专业评估专家；在必要时提出自己对于质量保障建设的合理意见；担任关键信息的主要发起人；为年轻教师提供专业上的帮助与资源服务；完成与质量保障有关联的教学辅助活动；定期举办年度评估活动，并将收集的数据信息传送至管理部门；积极参与定期评估活动，同时成为评估委员会的一员，为灵活切换成员身份做好准备；重视和项目主任之间的沟通，便于及时了解并改进实践中存在的不足。

3. 引入校外督察员制

校外监督员制也常常被称作校外评审员制。高校在组织学位考试的过程中，往往会从校外邀请一些经验丰富的业界佼佼者或是对应专业的优秀教师进入高校委员会，与校内教师共同完成试题拟订、审阅试卷、面试、评分等工作，同时站在客观的角度指出高校在课程安排、文凭评定标准及教学程度中存在的不足，以报告的形式写下观点和建议。该制度在英国高校十分盛行，也是一种行之有效的质量保障制度，制定目的在于确保各个高校之间不会出现太大的学术标准差异，增加彼此之间的可比性，实现课程评价及文凭标准的统一化、公开化，使高校学位质量得到充分的保障。更重要的是，校外监督员制能够在很大程度上确保考核的公正性，推动专业课程交流活动的开展，为教师提供很多亲身实践的机会，进而在工作中提升教学质量，有学者曾对英国高校教育提出这样的观点："英国的学士学位比美国通常所说的学士学位更有意义，部分原因是校外考评专家参与学位考试。"

4. 定期审查和年度审查

在英国，定期审查的频率以五年一次为标准，并且该审查会与QAA（高等教育质量保障局）等审查相互串联，等同于高校的内部评估。这个过程中，高校一般会邀请一些专业人士参与审查，研究和分析当前阶段各专业的教育目标与成效是否需要改进，因此审查期间要做好全方位的考量，如日常监督情况、教育改革后专业人才培养计划的变化、课程内容研究与实践进展、社会参照点（学科基准）、用人机构聘用标准等。总之，定期审查覆盖范围比较全面，且检查内容相对详细，无论是学生反馈，还是专家人员意见都包含其中。年度审查的频率比定期审查更高，它要求高校每个院系都要认真审查所有教学板块，即教学单元及课程内容，在此基础上，撰写具体的审查报告。在教学模块审查的时候，要重点对教师评价、课堂反馈意见、知识吸收情况、课程内容安排、专业人士的意见与建议等进行审查，而在对课程内容进行审查的时候，则应将主要精力放在教师的日常管理、教学成就、课堂秩序、学习成效、专业人士观点、学术评价、教学环境等方面。

5. 制定课程手册与课程大纲

高校课程手册内容主要有院校建设与发展历史、师资力量、内部学习资源、校规校纪、专业课程设计，如教学安排、课程辅导、社会实践等，并且还涵盖了与考试评估相关的内容：考试时间、考试分数、考试时长、各学科分数占比、评分标准、总成绩统计方法等；课程大纲则是归纳了课程分类与名称、专业院系、学生学分设置、学分评级、课时量要求、辅导标准、教学任务与目标、教学成果、总大纲、测验评估方式；必修课与选修课的操作规范、学科教师分配等。课程手册和课程大纲在英国高校都是必不可少的存在，并且是保障教学质量的重要举措与具体呈现，同时两者皆是以国家标准所研制、生成的文件，所以无论是教师还是学生，都可以通过了解手册大纲掌握学术标准，在潜移默化中营造良好的舆论氛围，为教育质量的提升打好基础。特别是课程手册，其研制的初衷就是为人才培养而服务，通过阅读课程手册，能够帮助学生对课程计划及教师教学内容、学习要求、课程开展进度等方面产生更加深入的认识，进而在学习的过程中提高对自我的要求，有利于进一步保障学习质量。另外，课程手册能够在课程设计中发挥辅助作用，帮助教师站在宏观的角度找出最具实践价值的教学资料与教学模式，使课程活动的开展事半功倍，其对于师生而言，有着极强的参考价值。

（二）澳大利亚大学本科教育内部质量保障的概况

澳大利亚是一个重视教育的国家，其教育质量保障机制也相对健全，尤其是在高校教育领域构建了严格的质量保障体系。在这一体系中，除了大学、政府，还包括当地大学质量保证部门、联邦政府及文凭评定部门。其中大学作为质量保障体系的核心，其重要性从相关监控体制中便可见一斑。而大学之所以能够占据如此重要地位，一方面是因为当地的大学本就是按照国家或地方的法律而设立，并且政府所颁布的认证标准中也赋予了大学自主发展的权利，甚至让其可以参与制定学术标准及质量保障与管理规范；另一方面，大学的管理措施中无不反映了对教育质量的重视程度，拥有这样的自我监察意识与管控能力，其综合竞争力自然能够得到保障。通常情况下，大学本科院校质量保障体系的构建工作会交给学术委员会或是管理委员会进行，其相关要求如下：无论是新课程还是学术研究都要按照规定进行定期审查；做好院系、专业及研究中心的项目审查；鼓励学生提出教学评价；邀请校外专业人士参与学术论文、学位论文的评阅工作；客观调查毕业生及其任职单位，便于在掌握毕业生就业满意度的同时分析他们在就业岗位中的适应程度；除了制定审查管理指标，对于资金的分配也要予以关注，如果发现教师在教学活动中有所贡献要及时提供奖励。同时大学还会定期研制教育质量保障创新计划，为院校指明发展方向、可行措施及预期成果。由于大学都会制定严格的内部程序来约束教学评估、监管教学系统，所以在大多情况下教学质量及评价质量都具有较高水平，部分大学还专门设置了质量保障机构，如悉尼大学，开设了专业教学研究所，并配置专职人员负责完成教学质量审查、研究、访谈及评估任务，然后根据教学计划、课程安排等具体情况整理评估报告，阐明改进建议，后交由院系负责人，在其参考、查阅后反馈给校级领导，从而落实教学质量改进方案。当然与大学有关的外部团体组织也在很大程度上为提高教育质量作出了突出的贡献，如会计单位、建设单位、工程单位在行业认证机构的帮助下，院校课程安排、教学内容、管理标准及课时设置都得到了进一步的优化与完善，能够让专业课程教学与社会工作实践真正联系起来，培养更多符合市场需要的人才，带动行业的进一步发展，形成正向循环。当然大学也会积极与一些可以带来建设性评价的机构建立友好关系，部分大学还成了教育网络中的成员，便于在教育活动中与优质院校之间实现专家交换互助，取长补短，不断提高教育质量水准。

总而言之，澳大利亚高校质量保障机制涉及的内容可以概括为以下五个方面：第一，构建完善的质量保障框架，用于管理和审查质量目标的实现情况，为教育质量水平的提升打下基础；第二，根据院校条件与需求设计科学的发展战略与措施，以此为前提确定教学目标；第三，围绕着教学工作、科研任务及社会责任的方方面面，尝试研制质量保障措施与规范，在此基础上推动监控工作的有序落实；第四，结合质量保障措施的实际成效，由点到面地开展分层评估工作，先从个人开始，逐渐扩散至院系；第五，根据质量评估过程中的不足及部门改进意见实施整改，并制订合理的改进计划，不断优化教学质量，具体保障措施可参考以下六点。

（1）组织建立专业质量监督机构，主要工作内容就是制定并推广有关教师聘用、任职培训、综合训练、定期考核、发展空间和职业评估等方面的标准和规定，并做好监督与管理工作，确保教学科研质量满足要求。

（2）以实际需求出发确定聘任教师的数量，减少不必要的成本消耗，同时能够在一定程度上保障人才的质量。一般情况下，大学不会明令要求各个岗位聘任人才的比例，所有院系都是按照院校提供的预算决定最终结果。在选拔人才期间，最好综合考虑人才的学历层次、实践经验、科研成就和个人潜能，将其作为参考依据，如果是选拔大学教授，还要经过校长、副校长和业界专业学者的共同商讨才能作出判断，而普通教师只需要由院系负责人与内部资深人士决定即可。这样的聘任方式是以需求为导向，以能力为核心而落实的，能够为大学与院系提供更多发挥指引作用的空间，无形中也会极大地激发教师的工作热情，确保人力资源满足教学与发展的实际需要。

（3）注重综合培训，对于院校而言，不断强化内部教职人员的综合技能是一项必要举措。特别是一些年轻教师或是刚刚上任的教师，为了确保教学质量，在任职前期都需要积极参与到岗位培训活动当中，无论是理论知识，还是技术方法都要牢牢掌握，并及时巩固，如现代教育理论、课程结构安排、课时分配方案、教学模式，还要学会灵活应用各种先进的教学方法和评估途径。同时作为大学教师，还要具备良好的科学实践能力，从而才能在课上有条不紊地指导与辅助。这一点对于教师的自身发展也至关重要，科研水平与学术报告撰写能力直接关系到教师的未来发展与晋升空间，因此，不少院校会经常举办学术研讨会或专题讲座活动，目的就是提高教师学术交流能力，为其岗位能力的全面发展打下基础，甚至当地大学对此还作出了专门规定，要求大学教师必须拥有教育学学位证书才能从事岗位工作。

（4）通过定期考核反向激发教职人员自身的潜能，因为每年都要举办一次年度考核，所有教职人员都需要在规定时间之内整理自己在过去一年里的教学工作的开展、科研收获、社会实践等情况，具体而言，就是课程量安排、教学效果、所用科研经费、撰写或发表的学术论文、责任履行程度等方面的详细信息，然后由院系负责人根据教师提供的总结报告及综合表现作出评价，一方面要肯定他们取得的成绩，另一方面要明确指出需要改进的地方。教师能否晋升主要是根据其科研成果、教学管理水平及社会实践价值而决定的，实际晋升数量没有明确要求。如果是科研人员，审查主要以其发表论文带来的贡献或项目进展为标准；如果是教学人员，那么会更注重实际教学效果。

（5）组织学生参与评教，让教师能够及时意识到教学方法中的不足，并结合学生的想法与建议优化教学方案、科研活动，甚至提升个人能力。学校可以制定一个可行的教学评估表，将课程内容选择评价、任教过程指导、课程结构安排、课堂内容评价、基础设备及教学模式涵盖其中，设置不同的等级，如优秀、良好，由负责人做好评价结果的整合处理，然后将最终评级反馈给教师，该成绩不但可作为教师教学质量与优化教学模式的参考，还可以当作年度考核与选拔优秀教师的重要依据。此外，学校可以通过组织座谈会的形式为学生提供发表建议的机会，了解他们关于教学规划、课程结构及学习环境等方面的想法，在后续改进工作中以此为标准提高教学质量，严格遵循“学术为本，质量第一”的教育理念。

（6）完善质量评估机制，通过自我评价的方式为提升教学质量作好铺垫。首先，教师要按照年度考核要求撰写年度总结报告，同时院校要在梳理全体教职员工全年科研成果的基础上制订总结计划，设计院校整体年度报告，然后在媒体平台面向全社会公开；其次，选择固定的教学阶段组织全面的总结活动，鼓励教师自我评议；最后，定期接受来自质量监督机构的检查，无论是院校，抑或教师，都要结合自身定位与实际情况，设计合适的教学目标并制订科学的发展方案。这种制度的落实可以有效调动各层级教职人员的工作自主性与行动热情，使他们的综合能力得以充分展现。

（三）美国社会鉴定型教育

美国是最早普及高等教育的发达国家之一，长期以来，教育部门对于高等教育教学质量也给予了很高的关注，甚至将其列为教育教学核心问题。早在 20 世纪 80 年代，政府在鼓励高校扩增的过程中便已发现本科教育质量在逐年下降，学生各个阶段的测验成绩更是不尽如人意。为了缓解这一现状，教育部门联合国家教育委员会共同推出了新的教育文件，不久之后，各种与高等教育质量相关的学术报告也如雨后春笋般争相涌现。有学者指出，高等教育的关键在于教育质量，高校应当肩负起自己的教育使命，竭尽全力地提升教育质量水平，特别是人才综合能力的培养。不过在实用主义观念潜移默化的影响下，高校教育目标逐渐朝着多样化、全面化的方向发展，追求最佳反应速度及适配性，使得高校教育呈现多样化特点，并且由于美国实施教育分权制度，所以随着市场环境的变化，高等教育的特色越来越鲜明，如高等教育认证。

所谓高等教育认证，指的是基于院校评估与业界评估所实施的现代化管理制度，制定的目的是更好地满足公众的需要，同时进一步提高整体的教育质量。该制度形成于150年前，由教育部门与专业鉴定组织在审查高校教学状况的基础上提出评价意见，致力于借助这种方式为高校科研项目质量及项目推进提供基本保障。高等教育认证标准有三个，分别是认证标准不能由一个机构或组织独立制定，而是要由院校和认证机构联合拟定；在认证过程中，先要做好院校自我评价，在此基础上才能开展实地考察评价活动；教育认证属于自发性活动，在实践期间不会对院校的正常运营造成任何影响。如果以认证组织为标准进行分类，高校认证包含两种，其一是学校认证，其二则是专业认证。前者可以理解为对院校综合办学条件及教育层次的认证，往往由所在地专业认证机构组织召开，认证内容主要有院校课程结构、教学质量、教育目标、办学宗旨、整体管理能力、运营经费、师资团队和教学安排等；后者同样是专业认证机构组织召开，且认证内容和学校认证相比没有明显差别，不过更加具体化。但两者操作流程基本一致，通常都是由学校或院系主动申请，撰写自我评价报告，然后由专家深入实地考察并记录考察报告，以此为依据得出鉴定结果。需要注意的是，教育认证存在一定的周期性，基本保持每5—10年开展一次的频率，如果出现特殊问题，可能会适当缩短这一期限。考虑自我评价的过程相对烦琐、耗时，并且对于师生而言有着重要的发展意义，因此即便美国高校具有多元化特征，在任何地区也都是以质量保障、教学评估为教育主导，同时会将其纳入长期发展规划当中，特别是涉及教学方面的环节。由此可见，美国高校教育认证不但有利于自身发展，更能够向社会公众展示院校的综合实力，从而获得更多的支持与认可，这也是该制度能够在多次教育改革后依旧能够延续下来的根本原因。

（四）日本基准自律型教育

日本注重市场经济的发展，这一点从其质量保障政策文件与法令法规中便可以清楚地了解到。因为高校是人才培养的重要阵地，日本政府为了保证大学改革效果，在 1989 年成立了大学审议会，并明确要求所有高校在开展教学活动中要重视社会责任的履行，提高社会贡献度，以自我审视与评估的方式精进教育质量。不久之后，教育部又出台了有关教育改善方案的文件，再次强调了实施自我评估的重要意义，还在此基础上制定了质量评价体系，使评价制度规范化、科学化。不过该制度在文部科学省机构调整高校规格后才正式落实，改革的重点主要有两个：一个是将大学基准的大纲化理念融入内容改革当中，也就是说，政府将进一步放松对于高校的管控，适当放权，让高校根据自身情况客观判断是否调整课程结构或教学模式；另一个是打造高校自我评价机制，即所有高校都可以遵从自己的办学初衷设计评价项目。到了 1999 年，日本文部科学省出台了新的修订方案，主要变更内容如下：首先，要求高校必须要保证落实自我评价制度，在修订方案出台之前，原本的规定是让高校竭尽所能地做好自我评价，而如今的要求比以往更高；其次，要求高校将评价结果在保证真实性的基础上及时公开；最后，引入第三方对最终评价结果展开进一步查验。从本质上来看，政府部门对于高校自我评价方面的要求越来越高。为了更好地适应新的政策变化，2000 年年初，文部科学省又成立了“第三评议机关”，目的是方便高校开展高校评价与文凭授予工作，同时该机关部门能够在优化教育质量方面发挥积极的影响，具体操作流程如下：第一，确定好评价内容与方式，该项任务一般由高校专属委员会或国家专业委员会督导实施；第二，高校要按照政府规定落实自我评价工作，然后以报告书的形式将数据信息上传至评审机构；第三，高校委员会通过整合分析报告书及调查结论得出最终结果，然后对外公开。可见日本高校评价制度从兴起到稳定发展迈过了五个阶段，分别是自愿开展、义务开展、评价结果透明化、第三方敦促及第三方评价，实现了自我评价和第三方评价的有机结合，现如今也呈现多样化、规范化的发展趋势。

（五）加拿大实践操作型教育

加拿大采取的教育质量保障涵盖三个主体，分别是院校、教师及学生。一般是以实践的形式落实相关措施，在这个过程中，所有与院校利益有关的人员都要考虑在内，尤其是学生家长、主管教师、院系管理者。事实上，加拿大将教育质量认证等同于质量监控，主要内容有质量认证标准、自身评价，专家评审、等级评分、各阶段教学计划、质量资格分析等，开展频率一般是六年一次。如果被考察院校满足质量认证的各项标准那么将被赋予认证资格，并且在成为完全认证资格者之后，后续6年都不需要参与外部评估；如果院校只有部分项目没有达到标准，那么有机会拿到“有条件认证资格”，而对于一些各方面都没有满足认证标准的院校，需要通过多方努力争取才能拿到有条件认证资格，循序渐进地达到最终认证目标。关于教师质量保证，常见的方式是通过教师资格证及专业督导实现，如在1996年横空而出的“安大略教师管理团”，它遵循行业协会的管理规范推出了教师执照制度，属于一个行为性质组织，被政府赋予自治管理权，并且与多个决定机构建立了良好的合作关系，旨在强化资格认证制度管理力度，实现了资格认证、凭证颁发及职能培训间的有机结合，为教师行业规范的建立打下了重要基础。同时通过划分教师资格和任职标准的界限，在很大程度上为广大教职人员带来了切实的保障，使相关部门组织能够在专业岗位上各自发挥所能。当然任何资格证书的获取都并不容易，教师资格证书也不例外，教师需要经历重重考验才能通过考试与各级测验，从某种程度上来说带有一定的义务性。而教师成长督导设置的目的是带动教职人员的专业化发展，简单地说，就是以反馈教师教学效果的形式为其持续发展做好准备，确保教师能够在实践过程中为学生带来更加优质的课堂氛围，从而提高教学质量，具有自发性与前瞻性。综上，教师资格证书制度的兴起标志着教师岗位入门标准的出现，教师成长督导措施的普及为教师的专业化发展指明了方向，在用行规约束教师的同时推动其快速成长。另外，为了进一步改善学生学习质量，政府组建了“教育质量与责任办公室”，用于检验学生学习成效，并且会将结果面向学生家长公开，其他外界人员则无法获知。这样是为了通过增加家校之间沟通的频率，借助科学的办法有针对性地找出学生在学习过程中存在的不足。高校对于鉴定结果的处理也具有很高的借鉴价值，他们会将鉴定结果和教师提供的评价意见联系起来录入成绩报告单当中，以内外部相融合的方式避免传统评估的弊端，实现发展性评价，让教育质量的提高保持常态化、持续化，为高校质量监控工作的顺利开展提供基础条件。

（六）英国多元评估型教育

英国教育史由来已久，在长期的发展过程中，文凭逐渐演变成衡量人才综合能力的重要依据，整个国家对于学位文凭及教育质量都十分关注。英国大学生在校内拥有极强的自主权利，其较高的教育质量水平在很大程度上归功于民主、个性化的人才培养模式，并且高校可以根据自身办学理念，设置与业界不同的人才聘用标准招纳教师或学生，依据其实际表现颁发荣誉证书或学位文凭。不过各项教育改革措施的出台使该教育模式出现式微现象，如 1987 年推出的《高等教育：迎接挑战》，其内容中指出了高校教育在市场经济中占据的重要地位；1991 年，出台的相关文件向高校展示了全新的教育目标模式，并提出了教育质量保障的关键所在，打破了过往高校自主负责的发展模式，突出了政府与社会公众在教育中的价值；1992 年，随着《继续教育和高等教育法》的落实，让高校教育改革工作有了坚实的法律依据。教育改革的出现让高校教育结果及教育目标，甚至是规格都发生了翻天覆地的变化，同时也将教育质量保障机制推向了多元评估发展之路，也就是高校自治和社会经济的融合，其主要构成因素如下。

（1）质量控制。一般而言，质量控制是高校责任范围内的事，承担全部责任，在正常情况下政府不会对此横加干涉。质量控制工作的顺利开展离不开学术专家的支持，因为他们在高校运营的各个环节中都是不可或缺的，质量控制也需要学术专家提供必要的助力。工作的落实通常可以体现在多个环节当中，如课程审批、专业课程辅导、课程规划等，同时高校也在此基础上制订了与之契合的质量评定方案。除此之外，还需要适时组织院校或院系自评活动。

（2）质量审核。最早出现在 20 世纪末期，是由大学学术审核单位首次提出的概念，目的是对高校上交的质量控制结果开展查验工作，不久之后，为了适应新的社会环境，又组建了质量委员会，同时设置了质量审核组、强化组和学生管理组，主要负责各种咨询服务，协助高校早日达成预期质量控制目标。

（3）质量评估。英国教育质量评估的核心责任归属于高等教育基金组织，该组织内设有质量评估委员会，日常工作就是开展质量评估活动，同时为基金委员会呈现有关本科院校教学质量状况的信息，传送质量评估报告和可行的优化建议等。在实践过程中具体注意事项如下：基于学科实际进行自我评估；根据评估结果数据与报告信息审查资料；开展实地访问活动；评判院校教学质量情况。

（4）社会评估。随着高等教育的日益普及，学院对社会的影响越来越大，公众对高等教育质量的重视程度明显提高。现如今常见的质量评估途径可以概括为三种：第一，邀请校外专业人士进入校内组织，在院校管理过程中发挥积极影响，如借助校外监控系统辅助评审工作，并且学生试卷要有超过两名教师的共同审阅，在此基础上邀请校外相关专业教师再次评分。需要注意的是，这些校外讲师通常必须具有良好的学术能力及工作经验，工作年限最好在3年以内；第二，重视专业职业团体与政府组织提出的评估意见，据统计，这类组织的总数量在240个以上，并且在高校教育活动中扮演重要角色，其工作职责在于通过审查教师教学能力与科研水平，通过审批、创建新制度等途径确保教育质量满足行业发展要求；第三，英国《泰晤士报》会定期在特殊版面公示高校排名情况。不难看出，英国高校在质量保障方面别有建树，巧妙地融合了“内”“外”作用，使彼此之间能够相互促进，并且政府为教育行业提供了大量投资补助，如引导教育基金会将质量检测结果与赞助经费联系起来，让高校能够全身心地根据国际标准不断优化教学质量。除此之外，英国教育质量委员会也在经费扶持过程中发挥了重要作用，当然不同的高校有着不同的章程制度，需要专家通过客观的评价，以外部审查的方式确定教学质量水平，然后将评估结果公开，增加的组织社会公信力。

任何国家的教育质量保障体系的建成都并非一朝一夕之功，而是经过了漫长时间的考验逐步建立、发展而成。如英国，其在教育领域有着深厚的文化积淀，我国在向其他国家学习和借鉴的过程中，应当考虑实际国情及历史文化的影响，根据不同院校的不同办学背景、环境特征，有针对性地吸收其精华，并灵活地将其应用于教育实践过程之中，促进高等教育质量水平的进一步提高。

（七）国外高等教育质量评价指标借鉴

众所周知，主观意识往往会对评价结果造成影响，再加上其他外界因素的共同作用，在指标选取的过程中难免存在一定的不可控性，并且由于地理环境不同，国内外高校引用的评价指标不能一概而论，彼此之间势必有着一定差异。笔者认为，要想解决这一矛盾，根本在于因地制宜，也就是说，要根据实际发展状况做出科学的选择，并找准侧重点，如此才能高效地解决指标选择问题。

借鉴一：关于评价指标资源的选取。所谓教育评价，指的是通过信息收集完成教育质量的评估，其中精准、有价值的信息是关键，如果缺失这一因素，那么得出的评价结果也没有任何意义。因此，信息收集的过程在指标设计中扮演着重要角色，而美国对此也十分重视，甚至曾投入大量的资源进行扶持，经过多次修改完善以后，高校信息库资源越来越全面、具体，并且获取的途径也更加便捷。如借助 CDS（数据管理分析平台）进行数据分析和整合的过程中，通过各类数据信息之间的比较可以摸清数据特征与存在规律，能够在很大程度上提升信息传递的效率，因此受到许多知名媒体的青睐。不过国内高校评价有关数据资源相对分散，且大多集中于官方数据源，而不同数据库中数据口径存在差异，没有统一的规范标准，再加上高校缺乏资料统计经验、开放度不足，只能选择简化指标的方式从数据库中寻找便于获取的信息。但是这样一来，不但会加剧误差问题，还会激化技术设计矛盾。如果以相同指标作为标尺来评价两种学科类型，很难得到任何有价值的结论，实际意义不大。可见，我国在评价数据资源和信息传播方式方面都亟须改进，可以适当借鉴美国媒体的做法，提高高校评价的合理性、权威性，从而进一步推动教育质量的提升。

借鉴二：关于评价指标的判断。如果站在学术视角，数量和质量在事物评价中都发挥着重要作用；如果站在实践视角，前者因为更加简单直观，所以量化特征也十分明显，方便用于比较，而后者属于一个模糊概念，数量指标的重要性毋庸置疑，不过它无法取代质量指标的作用。在优质的评价体系当中，所涉指标往往都趋向于高质量发展，反之不利于生命力水平的提升。引入评价指标的目的原本是为了更好地保障教育质量，然而当前我国在实践过程中“重数量、轻质量”的现象时有发生。如在实施高校评价期间，在 SCI（科学引文索引）、EI（工程索引）中得到引用的文献量被当作关键指标之一，虽然该指标能够在某种程度上反映高校学术质量，也能从侧面体现院校学术环境、人才团队等情况，但这些优势往往是从宏观的角度出发所呈现出来的，在微观的角度无论是难度水平还是质量水平都不尽相同。所以说，如果仅仅关注指标数量而忽视指标之间质量上的差异，那么在统计的过程中很容易产生认知偏差，因为一些结果显示科研水平领先于国际一流高校的普通院校，实际上却并不具备这一实力，也很难为社会输出具有创新能力的优质人才。现阶段国外发达国家在教学评价中主推定量绩效指标，如英国，进入 21 世纪以后学科基准出现了转变，开始将全国教育标准作为主要参照依据，并且在实践过程中会运用开拓性思想予以呈现，这一点在产出准则设计方面的体现尤为明显。英国高校将产出准则进行了不同等级的划分，如优秀、良好及合格，要求所有学生的最终成果不能低于合格标准。不过与此同时新，基准的出现使得产出评价方法势必要随之发生变化，融入教学活动当中，并作为院校产出标准依据，当然还要选择一种行之有效的评价方式将方案落到实处。这一判断方法对于我国而言同样有着一定的借鉴价值。

借鉴三：关于平衡人才培养与科学研究的有效方法。人才培养是一项艰巨的任务，并且其过程非常复杂、烦琐，质量评价工作的开展更是难上加难，往往需要面临诸多挑战。现阶段为止，我国所采纳的高校评价指标中科研指标占大多数，几乎没有涉及人才指标。之所以会出现这种情况，除了认知的局限，还有技术能力不足的影响，同时当前评价指标体系尚未完善，有关思政品德建设、人才素养方面的内容严重匮乏，使得人才指标长久以来没有得到应有的重视，大多数高校教师为了得到更多的发展机遇，在工作中都是以科研为主，导致院校的整体教学质量始终难以提升，不过这一点德国高校的做法值得深入探讨，如慕尼黑工业大学负责人结合院校发展规划与教育目标，将评价内容分为两部分，一个是教学评价，一个是科研评价，且两者所占比重相同，同时在每一部分当中都涵盖了十分详细的参考指标。在教学评价中，主要以学生数量、文凭证件颁发量、学习时间等作为基本指标；而在科研评价中，则是以所得经费数额、学术论文发表量、科研成果带来的影响力与贡献值、社会认可度等作为基本指标。虽然我国早已了解人才培养指标的作用与价值，不少高校也将其纳入评价指标当中，甚至高校排名也出现了教学评价一项，但是由于技术水平停滞不前，在实践过程中相关指标难以量化，也无法开展定量比较工作，导致人才培养评价的标准只能停留在数量上，就像教学质量评价期间，高校不能衡量学生质量差异，只能用“很小”进行笼统的描述。因此，数量差异渐渐被视为高校间质量比较的重要标准，学生人数与建设规模也被当作判断院校差别的基本要素，甚至能够在高校排名中发挥决定性作用，然而没有人才培养指标的内在体系终究是残缺的。

借鉴四：关于看待问题的视角。学生作为教育的主要对象，也是教学活动的重要组成部分，教育的出发点与终点都应以学生为核心。高校对于新生质量的判断通常是以其高考分数为标准的，但是学生学习质量并非一成不变，在经过一段时间之后，还需要对他们的学习质量进行再次评估，但是这样的质量评价活动实施起来并不容易。一套优质的评价指标体系不仅要顾及学生的知识基础、思想价值观念、领悟力、学习力，还要综合其兴趣爱好、专业特长、自身潜能等方面的情况。从客观的角度来说，就是要在保障教育消费者合法权益的基础上，为他们提供更多自我提升和表达自己想法的空间。国际上一些知名高校所设置的评价体系更倾向于消费者满意度的提升，它们会从学生的角度出发寻找合适的评估指标，如各大期刊、杂志上的高校排名，基本上都是围绕着与学生切身利益有关的因素进行阐述和介绍的，以学术声誉一项为例，编辑会通过呈现学生（校友）满意程度的情况向外界展示院校风评；《泰晤士报》提供的高校排行信息也是以学生就业机会及未来发展空间为介绍重点，如优秀毕业生数量、毕业生就业年限、选择继续深造的学生比例等，不难看出，其目的在于让更多学子了解各个高校的优势所在及对于自身发展的加成效果。但是这一点在国内没有任何体现，高校评价基本是以教师科研产出为核心的，如中国大学专门在科研指标中增设了许多分项，忽视了学生个人发展及其选择空间的考量，同时现阶段的指标体系中，很少有高校关注学生满意度指标，虽然对高校的学术成就、学生数量、师资力量、学习环境、学术专著等情况作出了详细的介绍，既涵盖了基本教学指标，又囊括了各类资源条件分配，可是没有真正设身处地地顾及学生的未来发展，宣传效果可想而知。

第二节　国内高等院校质量监控与评价体系建设

一、国内高校教学质量监控体系分析

与国外相比，国内教学评估落实的时间较晚。清华大学也是从 1996 年才正式实施，为了做好教学质量监控工作，院校在课程评估的基础上打造核心课程，并构建了分层信息查询系统，也就是有针对性地面向不同对象开放查询功能，如教师查询、院系查询，每个级别的人员只能从网上获知自己职责范围内的评估结果。评估结果一般是由教师自评与学生打分共同决定的，不过在一种特殊情况下遵循“教风一票否决制”，当某个院系发生教学事故的时候，便会暂时失去评估资格。另外，高校始终坚持推行上级领导听课制度。

北京大学更注重学生评估意见，在学校内部专门开设了学生评估委员会，其成员一般是由不同院系的优秀学生组成的，使学生能够真正参与到教学建设活动

当中。而同行评课、领导听课甚至专家建议仅仅被视作一种参考，不会对最终决策造成影响。同时，北京大学在每学期结束之前会根据教师表现整理排名名单，并将结果公开发布，校内评估办还会对一些值得关注的课程进行必要的评估，通常这类课程包括三种：第一种是院系负责人推广的课；第二种是获得众多学生支持或让他们避之不及的课；第三种是关系课程建设目标的课。

南京大学同样是围绕着学生意见构建质量监控体系，注重参考学生的想法和建议，在实现监控式过程管理的同时兼顾教学质量评估工作的开展。为确保评估质量，院校制定了规范的听课检查制度，并且会定期开展问卷调查活动，目的在于通过学生的反馈意见，对各类课程开展和教师实际工作表现情况进行评估。该评估体系内容包含 16 项因素，如教学方式、课程内容、学习成效、教师精神面貌等，由学生在问卷中勾选对应项目的选项。信息时代下评估工作是以大数据管理的形式开展，问卷的审阅与分析也是通过专属设备读取和整理，能够在很大程度上提高结果的准确率，减少统计中的偏差。同时南京大学组建了教学质量部门，并在此基础上打造了用于教学质量评估的资源库，为了提升教师人员对评估工作的重视程度，将评估结果与他们的个人晋升、福利待遇相结合。职称的评选资格遵照一票否决制的规定，也就是说，如果教师日常教学量没有达到标准要求，那么将不具有申报资格，尤其是教学评估成绩不理想的教师在一定期限之内都不可以申报职称。如果教师所得评估结果在“良”以下，那么相对应地，他们的岗位津贴会随之受到影响而降低，并且会失去其他评奖、评优的机会。在整个质量监控体系中，院校不仅制定了学生评教制度，还借鉴了北京大学的做法，即引入领导听课制度，并在此基础上设计了干部听课制度和内部督导制度，要求规定范围内的人员每年都要参与课程学习，以便于掌握实际的教学情况。需要注意的是，督导团主要是由经验丰富的资深退休教师组成，他们不仅对于院校的教学情况了如指掌，而且评定意见往往更加客观真实，通过具体的教学研究，能够在引领年轻教师方面发挥积极的带头作用。除此之外，学校鼓励教学评议小组积极组织各类活动，围绕着教学改革及教师授课情况提供反馈建议。

大连理工大学现行的评估指标体系是以中华人民共和国教育部的标准和要求构建的，其中包含 16 项关键指标，借助校园网渠道开展线上评估活动，相关自评报告可以直接在网上查询获知，对于评分得分较高的院系，学校会给予适当的奖励。同时制定了科学的质量评价体系与听课制度，组建了专家小组专门负责咨询、监督，要求所有领导人员每个学期听课次数不低于8次，特别是在学术上卓有建树的教师的课。另外，为了提高工作效率，教务处往往会聘请学生干部辅助完成质量信息收集与统计任务，利用BBS系统在最短的时间里整理学生的评价意见，然后将结果公布在媒体平台，学校也会定期实施抽查评估活动，主要是为了调查试卷的综合质量，了解试题内容分布、出题范围、时间设置等方面是否合理规范，以便形成最终排名。

北京理工大学建立完善的质量监控体系，确保教学质量提高，是教务处教学管理工作的核心任务之一。教务处始终把教学管理的建章立制工作放在重要位置，先后建立并强化了校院两级领导听课制度、校院两级督导组专家听课制度、质量信息公布制度、学生评教制度、毕业设计中期检查与评估制度、试卷和毕业设计抽查制度、教师开新课和新开课试讲制度等，从制度上保证了对关键环节与重点环节的严格监控。同时，加强质量标准建设，先后制定和完善了课程教学质量标准、课堂教学质量标准、课程考核质量标准、毕业设计（论文）质量标准、实践环节质量标准，并在教学活动的组织与管理中严格按照质量标准进行质量监控。经过多年来的监控体系建设，目前已经基本构建了一个包括“组织维”（校、院、系三级监控）、“人员维”（领导听课、专家督导、学生评教等）、“时间维”（开学检查、期中检查、期末检查等）、“过程维”（教学工作的计划、执行、考核等）在内的完全覆盖、运行有效的“四维”教学质量监控体系，实现了对教学各个环节的及时监控。

（一）体系构建的发展历程

与国外一样，国内高校扩招后同样出现了诸多问题，如怎样搭建优质的质量保障体系、如何保障人才培养质量等。随着教学质量问题的进一步加剧，这些已经演变为社会问题，引起了业界人员的广泛关注。根据国外先进国家的教育发展经验可以了解到，我国高校实施的质量保障体系尚处于初级阶段，能够科学地为教学评价工作提供辅助，如院校评价、外界评价、内部评价，并且建立了多种教学保障制度，收获了良好的成效。

当前质量保障系统中不但包含国家及省级专业机构，还有许多业界优秀的专家人员共同参与引导、组织、管理质量鉴定的过程，为教学质量提供必要保障。

对于我国而言，构建能够凸显中国特色的教学制度不仅是实现宏观管理目标的有效途径，也是发扬优秀传统的优良契机，而能够走到今天这一步，我国教育界经历了漫长的考验。

1985 年，自教育改革文件推出以后，“高等学校在扩大办学自主权的同时，教育管理部门还要组织教育界、知识界和用人部门定期对高等学校的办学水平进行评估”成为高校教学活动的主要行动方针，在落实评估工作的过程中，重点围绕着课程、专业等领域。

教育部出台了我国首个面向教育评价工作的政策制度文件，内容主要对高校实施评价活动的意义、目标、思想方针及途径进行了阐释。这也是基于实际国情所出台的教育文件，它的出现意味着我国教育评价工作正式迈向标准化发展的道路。

1993 年，国家制定了《中国教育改革和发展纲要》，文件中明确指出要“建立各级各类教育的质量标准和评估指标体系，各地教育部门要把检查评估学校教育质量作为一项经常性的任务”，并且“要采取领导、专家和社会用人部门相结合的办法，通过多种形式进行质量评估和检查，各类学校都要重视了解用人单位对毕业生质量的评价”，这在某种意义上促进了我国高校教育评价知识层面的进一步发展。

1998 年，随着普通高等学校本专科教学工作评估专家委员会的组建，教育评估工作有了主要责任机构。不久之后，政府部门又推出了数据资源库，其中涵盖了近 300 个能够呈现高校教学实践状况的数据信息，高校可以以此为依据选取相关指标，并将其交由管理部门，便于上级及时了解和掌握教育动态。

1999 年，国家政策法律指出，高等学校的办学水平、教育质量，接受教育行政部门的监督和其组织的评估，在这一观念倡导之下，不少省市地方院校都纷纷制定了质量保障体系及教育评估机制。

进入 21 世纪以后，有关高校质量评价的文献资料越来越丰富，教学评价指标也越来越完善、具体，随着实践频率的不断增加，高校办学经验逐渐丰富，使得评价活动的开展有了扎实稳定的基础。

2001 年，政府机构出台了与教学质量相关的报告书，规定所有高校都要对教学管理给予充分重视，行政部门也要做好把关，严抓教育质量问题，尤其是本科院校的问题，并将其作为开展评估工作的基本参考。

2003年，教育部提出要在5年之内完成对国内各个高校的综合评估工作，并且之后也会以5年为一个周期开展教学评估工作。

不难发现，我国高校质量保障机制包括多种评价形式，具体分析如下。

第一种，针对一些办学时间短、文化底蕴不足的高校，特别是新成立的院校实施教学合格评价，所参与的高校以中华人民共和国教育颁布的名单为准。这种评价形式注重的是高校是否满足基本办学要求，如人才培养能力、各项教学资源与条件等。

第二种，针对一些办学时间长、文化底蕴丰富的高校，如在国家支持下成立的重点大学，应采取教学优秀评价制度，是否参与评价由高校自由决定，只要通过中华人民共和国教育部审核就能够获得被审查权。该评价形式侧重于对人才质量的评估、高校教育特色及能够发挥的教育价值。

第三种，针对介于上述两种情况之间的高校，通常成立于20世纪中期，其办学条件及资源往往都能够满足基本要求，对于这类高校可以开展随机性水平评价，参与的高校主要以抽样的方式决定。该评价形式关注的重点是院校能否在地方经济的提升方面作出应有的贡献或是其教育成果能够创造的社会价值，开展的目的是进一步推动高校的发展，从而为人才教育质量的提升做好准备。

三种评价形式的出现意味着我国在质量保障体系方面有了新的突破，形成了有别于国外的体系框架，打造了具有国家特色的教育机制，同时教学评价活动的落实也得到相关部门的大力支持与帮助，对于现代高校的发展与教育改革有着重要意义。

（二）高校内部教学质量监控全面展开

教学活动作为高校核心工作，要想保证其质量，首要任务就是要做好教学质量管理，这也是达到教学目标的根本途径。近些年来，高等教育得到了飞跃式的发展，为了更好地适应新的教育环境，制定完善的教育监控机制、提高教学改革跟踪力度、实现信息收集分析的高效化已成为当前国内高校共同面对的新课题、新挑战。事实上，不少高校早已开始进行了有关质量监控机制建设的研究工作，并且陆续实施了教学评价、办学实践调查、教师评价等活动，旨在探索院校教学资源与条件能否满足提高教学质量的需要、教学设备能否满足新的教学背景、人才质量能否满足社会发展需求，从而不断调整和优化教学管理措施。如上海大学曾面向内部教师进行了一场百分制评价活动；杭州高校在制定多层次教学评价机制的基础上，完成了多项质量监控工作；为保障教学评价的真实性，广东某高校鼓励校内领导、院系负责人、任课教师、学生亲身参与评价制度的研究工作之中；西南财经大学组建了教学督导小组，在教师授课之后，引导学生进行评教，这个过程中采取不记名的形式以确保评价的客观真实性，并引入了题库及“考教分离”等多种保障机制。各种质量管理机制、保障体系的落实标志着我国高校教学监控制度已经越来越完善，并且在改善教学质量方面发挥了积极的作用，相关质量监控制度主要可以概括为以下四种。

1. 听课制度

听课可以说是检验教学成效最直观、有效的途径，大量的实践经验也证明了这一点。积极组织各层级教职人员参与听课，不但能够在很大程度上改善教风、学风，还可以为教学质量及课堂效率带来一定保障。现阶段听课的重要性也得到了越来越多高校的认可，甚至将其视作教学管理的重点内容，例如，积极组织校内领导干部、院系负责人及教学督导小组参与听课活动，同时要求他们保持每月3次以上的听课频率，并亲自撰写听课档案，交由教务处审核查验，在此基础上定期整合所有人员的听课记录，以教学简报或专业会议的方式对外公布，使学校领导与教育组织能够及时了解教学情况，让听课成为一种常态。更重要的是，通过听课能够帮助教学管理人员及时发现教育中的不足，以便于快速改进，不断优化和提高教学管理质量。在听课中，注意检查讲授同一课程的教师的课程进度是否相差较大，讲授内容是否以教材、大纲为主；课程建设是否恰当；开课学期是否科学；班上的课程安排是否得当等。

2. 教学督导制度

督导组成员一定要有水平、有精力、有热情。考虑学科分布，年龄结构等方面的因素，督导组由教学专家和教学管理专家组成。由于他们熟悉国家教育方针、政策、法规和规章，熟悉学校本科教学的规章制度，有较高的政策水平，有多年从事高等教育工作的经验，有丰富的教育教学管理经验和较高的学术水平，能站在较为客观、科学、公正的立场上对教学活动及其管理进行实事求是的监控，所以他们有可能对如何优化教学管理目标提出深入的可行性分析，帮助领导做到优中选优，尽量避免决策上的失误，达到全面提升教学质量的目的。

教学督导在高校教学管理中扮演着重要的角色，并且许多高校都已经从中受益。为了更高效地达到教育改革及当代教学管理的要求，高校教学督导工作的开展可以从以下三点出发。

(1) 组建多层次教学督导机构，对督导团队给予充分重视。如今国内高校也陆续在内部成立了督导小组，并且逐渐完成了细化分类的任务，使得督导网络越来越全面、具体。

(2) 设计服务于督导工作的管理规范，使广大教职人员认识督导工作的重要性与存在意义、落实方式，从而在日常工作中给予积极的配合与帮助，实现教学督导的有序化、标准化发展。

(3) 使督导活动融入教学管理当中。原因有二：其一是为了发挥激励作用，使拥有丰富资历的优秀教师和领导干部能够发挥自身的带头作用，扮演好“参谋”的角色；其二，在督导小组的参与下，高校教学管理、学术座谈会等活动的举办能够发挥多重作用，尤其是在年轻教师引导、教学质量提升及学术研究指导方面。

3.课堂教学状况问卷调查和学生评教制度

调查问卷内容设计主要围绕着教学效果评价进行，通过问题的形式，引导学生对教师综合表现作出评价，是过程监督制度的呈现形式之一。考虑本次问卷调查属于一次教学评价的过程，应当严格遵守评价治疗体系的规定，因此，为了让评价结果更加简明、易于量化，问卷调查表经过了多次修改和补充。并且由于问卷调查实施手段直接关乎最终成效，在组织的过程中要予以充分重视，如在选定调查课程之后，活动安排布置的任务可以交给教务处专门负责，在院系管理者明确调查目的与调查规范的前提下，由他们带领主体教师完成问卷下发任务，按照问卷要求引导学生完成评价，然后借助计算机辅助分析，快速整理、分析收回问卷中的信息，使调查结果能够更高效地产出。

学生评教在教学评价中十分常见，是高校进行教学管理的重要环节之一，组织学生参与评价也能够帮助教师与学校领导及时了解教学质量水平。所谓学生评教，就是让学生结合教师综合表现和自己的学习感受给予教学评价的过程，因为教师对于教学质量有着重要的影响，所以他们能够对学生产生难以逆转的影响，无论是知识底蕴、教学水平、综合素质，还是对于师生关系的处理，都关系到教学目标能否达成。学生是教学的主要面向对象和主体，也是对教师教学的直观感受最深的群体，所以他们提供的评价意见最具参考价值。

同时在学生评教的过程中，可以适当引用竞争机制。这种做法对于优秀教师而言能够起到激励作用，对于普通教师而言，则会形成一种压力和前进的动力，使他们能够将更多的精力放在自我提升上，不断提高自身素养、丰富知识储备。更重要的是，学生提供的反馈信息可以让教师对自身教学能力、教学方式带来的成效等方面产生更加清醒的认知，从而在今后的教学工作中结合学生的意见灵活改进，为教学质量与效果提供进一步保障。而教学管理部门也能够根据学生评教结果对教师教学情况产生更加清晰的认知，并帮助他们找出自身的薄弱之处，运用科学的方法实现教学水平的全面提升，为教学质量监控活动的实施做好准备。学校还可以结合实际，组织院系之间开展竞争活动，引导教师将重心转移到教学当中。一直以来，很多教师为了在学术领域有所建树，将更多精力放在了科研当中，课堂教学也只是为了完成教学任务，忽视了与学生之间的交流与了解，导致教学成效偏低。通过评教的方式，能够在很大程度上改善这一问题，促进师生之间的沟通，缩减彼此的距离，促使双方得到共同成长与进步。此外，学生评教的开展可以进一步发挥学生主体作用，扭转传统师生之间评价与被评价的关系，使学生由被动变主动，从而在课堂学习中发挥自主意识，提高自身积极性，而教师的责任感及危机感也会在这个过程中得到充分的激发。

例如，北京理工大学现阶段已经在线上开展学生评教活动，并且为了鼓励更多学生积极参与，专门在开始前期向学生开放评教系统，直到考试结束后才关闭。因为如果学生不评教，那么便不能获知自己的考试成绩，如此一来，院校便能够保证整体参评率，提高评教结果的真实性。据调查显示，北京理工大学每学期线上评教学生基本保持在 10000 人以上，被评价的课程超过 1200 个，整体评教率为 99 %。不过为了提高结果参考价值，院校会在公布评教结果之前专门考察教师各方面的得分情况。

4. 期中教学检查制度

与其他阶段教学检查相比，期中检查更加全面、具体，是院校掌握教师阶段性教学成效的有效措施，对于监控体制建设也有着重要意义，其实践方案如下：

首先，找准重点，由点及面，不能将院校、学院视作等同，而是有条例、有秩序地逐步落实。其次，注重三个结合，第一，与教学管理之间的结合；第二，与教学督导之间的结合；第三，与调查研究之间的结合。最后，制订详细的计划与目标，让院校与学院在开展期中教学检查的过程中做好书面小结，并在例会上据此展开学术交流，然后由教务处将结果反馈给校长，并制定相关改进措施，等到期中检查完成后将所有资料数据汇编成册，便于教职人员查阅、了解。

通过以上论述，可以总结出的结论如下：如果站在监控效果与评价对象的角度，期中教学检查的作用更加显著。它是一种具有宏观性的现代监督检查制度，高校可以在多样化的检查活动中得知教师教学的实际情况如何，然后在此基础上对高校教学质量进行客观的评价；如果站在监控效果与评价内容的角度，听课制度、问卷调查及评教制度的作用更加显著，通过对活动过程的系统性评价，能够反映高校教学活动与教学管理中的情况，比如可以对课堂氛围、校园风气、意料之外的情况实施长期跟踪，所以最为突出的特点便是可持续性；如果站在监控效果与评价成果的角度，虽然教学督导小组属于非行政团体，但是所有人员都对教学工作有着崇高的热情与向往，同时自身具备良好的业务素质，所以能够为教学活动提供客观的指导与评价。综上，四种制度在教学质量监控和评价体系中皆发挥着重要影响，彼此之间既有相同的地方，也存在无法被忽视的差异，每种制度都有着鲜明的特色。作为高校，要想在新的教育环境下确保教学质量、提高教学水平，需要按照监控和评价的规范与原则，在实践的过程中不断精进自我，调整与优化教学管理方案，这样才能不断缩减与教育目标之间的距离，为社会输送更多优质人才。

二、国内高校教学质量监控和质量评价体系现状与问题

从上述高校教学质量监控的实践活动看，在构建高校校内教学质量监控体系时可借鉴以下六种做法。

第一，普遍重视教学质量监控与评估。教学质量监控办公室和评估办公室大都设在教务处或高教所，或独立设置，有教学督导队伍。

第二，学生成为评估主体。教学质量监控的重点都放在对教师的课堂教学质量评价上。

第三，实行学生信息员制度。信息员由班级学习委员或学习部长担任，由教学评估办公室负责培训。信息员按要求定期组织本班学生填涂评教卡，直接交教学评估办公室。

第四，坚持校领导、中层干部听课制度。有的学校明确规定最少听课门数、学时，作为年终考核干部的重要内容之一。

第五，教学评估与教师利益挂钩。各高校教师评优名目多、层次多、种类多，如“优秀教学质量奖”“名师奖”“优秀主讲教师”“最受学生喜爱的教师”等。

第六，以评估促进院（系）工作。按评估体系对院系进行教学工作评估，一般两年一次，分等级奖励，在经费投资、招生名额等方面实行倾斜。

（一）国内高等教育质量评价指标设立及权重

从国内目前使用的评价指标体系来看，大学评价主要是中华人民共和国教育部聘请一批专家，参考国外大学评价质量的基础上研究出来的，基本上符合中国高等学校的实际情况，并借助媒体公布评价结果。国内的大学评价以广东管理科学研究院大学评价课题组和网大网站为代表，前者前后共发布了8次大学评价，排名的主要依据是特定大学对社会的贡献值即“产出”，所用的数据全部是公开数据，指标体系也由原先的单一科研成果产出指标改为科学研究（42.91%）和人才培养（57.09%）两个一级指标。其中，科学研究一级指标又设自然科学研究（34.74%）和社会科学研究（8.17%）两个二级指标；人才培养指标设有研究生培养（19.10%）和本专科生培养（37.99%）两个二级指标，各级指标的权重也几经修改。可以说，广东管理科学研究院大学评价课题组评价指标详尽、细密，但这些评价指标中，大学办学的输入条件没有得到充分的反映，其中与教育教学、学生获得教育直接相关的投入也反映得不够，引起了社会各界和高校的激烈讨论和广泛关注。中国网大则较多地沿用了《美国新闻与世界报道》的指标，同时也进行了一些“本土化”的改造，带有明显的“移植”色彩。从整体上来看，网大涉及了学术声誉、师资资源、物资资源等指标，较之中国大学评价以“人才培养”和“科学研究”作为一级指标的体系，多为宏观层面的总量评估。其更为关注的是学术指标，像“学术声誉”（15%）、“学术资源”（20%）、“学术成果”（22%）三项指标的权重合计为57%，且在办学输入条件方面给予了相应的重视，如博士点、硕士点、重点学科、图书总量、科研经费等指标基本上都是投入概念，评价的范围相对更为全面一些。

（二）国内高校教学质量监控与评价体系现状

1. 活动开展现状

高校教学质量内部监控活动的开展相对丰富多样，具体而言，主要包括教学检查活动、教学评议活动和课堂听课活动。

（1）教学检查活动。教学检查活动的检查方式有：在开学、期中、期末期间进行按照时间段来划分的阶段性检查。开学期间检查通常倾向于检查教学前的准备事项；期中各个院系与教学部（教研室）对教学目标与教学计划的完成程度、对教学任务的完成程度、教师课堂教学表现与效果、课堂教学的设备配置是否合理、学生的学习情况等进行检查；期末主要对各个院系与教学部（教研室）是否完成教学计划与目标进行考察，通过考试对学生的学习成果进行检验。

结合高校的实际教学情况与教学计划，针对不同时期的不同目标来进行随机检查。尽管随机检查有着极大的灵活性，但它并非随意进行的。随机检查通常会根据教学安排与情况进行有针对性的调研，对课堂教学效果、教师教案准备、学生考试成绩、学生课堂状态、学生作业完成情况进行多方面、有针对性、有侧重的检查。

除了以上两点，还有些高校为了能够更好地落实教学检查活动，针对各个学院、系、部的特点，制定了切合各自发展的检查制度。从而使每学期的检查活动能够更好地贴合院、系、部的自身发展，全方面地监控教学活动质量，了解教学情况。

（2）教育活动。教学评议活动在高校教学质量监控体系中发挥着巨大作用，它主要对高校的管理情况、教师的课堂教学活动、学生的学习情况进行评议。这三方面的评议能够更好地帮助高校对教学活动与教学效果进行监控，从而能够有效地掌握高校课堂教学质量情况。教学评议的方式也不一而足，如教师自评、学生评教、同行评教、社会评教等。评教活动通常由高校内专门负责教学质量监控的人员来组织进行，但也可以通过院、系、部来小规模进行。评教活动具有灵活的特性，能够在不同时间段的不同教学时期开展。有些高校设有学生评教信息监管员与教师评教信息监管员，以便让评教活动更公平、有效地开展。通常情况下，评教的结果会划分等级，一般设立有优秀、良好、中等、合格、不合格五种等级划分，高校会对优秀教师进行表彰与奖励，同时也会责令评分不合格的教师改进教学效果，并实施相应的惩罚措施。

（3）课堂听课活动。现如今，在高校内部教学质量监控体系中，上级领导、相关评教人士、同行组织等进行课堂听课已经成为一种重要监控手段。这种听课活动能够很好地保障教学质量的提升，且能够激发教师改进自身的动力。同时，领导、专业人士、同行组织的听课活动不仅能帮助管理者深入教学课堂中对教学情况进行检查，还能帮助专业人士检验课堂教学的质量与教学方式，同时还能辅助新教师学习，增进新教师的教学经验。因此，各个高校都有自己的一套听课机制，对听课的方式、时机、评价指标都进行了系统的规定，按照不同学科的不同教学特点，制定具有针对性的课堂听课方式。

2. 实施现状

（1）教学质量监控与评价的参与人员。教学质量监控与评价的主体应该包括用人单位、学生家长及社会各界。高等院校内部进行的教学质量监控与评价工作是指对系（院、部）、研究室、教师和学生的教学工作进行监控和评价，而不包括外部的监控评价活动。为了确保有效实施，需要采取系统化的监控措施和科学化的评价指标体系，并收集相关数据资料进行分析处理，才能作出定性或定量评价。因此，教学质量监控与评价是一项全员参与的活动，从领导到基层、从教师到学生都应该积极参与其中。由于参与者代表着不同身份，角色也就不同，因此可以将评价看作高等院校师生从多个角度进行的全方位评价。以系（院、部）为例，在组织内部进行教学质量监控与评价时，系（院、部）将接受来自上级机构或其他专业人士提供的他评，并在自我评估之后加以整合；而在组织其他单位或个人进行教育质量检查时，则需要充当评论者的角色，并对研究室、教师的教学质量进行具体的组织和评价。因此，在高等院校内部开展教学质量监控与评价工作时，需要采用科学合理的方法和手段，确保数据资料收集全面、准确，并且能够充分地反映教育教学过程中的行为表现和效果。同时也需要注意参与者身份不同所带来的角色差异，从而更好地实现全员参与、进行全方位、综合性的评估。通常情况下，我们可以把参与人员的评价分成以下四个大类。

第一，督导评价。督导组是专门负责检查教学质量、进行监控和评价的工作小组，由学院或系部成员组成。进行教学质量监控与评价时，根据需要，督导组可分成若干工作组或不分组开展工作。学院督导组和系（院、部）督导组作为教学评价和教学督导的主要责任者、组织者和参与者，应根据院内分工，分别履行各自的职责，做好各自的教学质量监控与评价工作。

有些高校将院（校）级领导纳入评价参与者类别之一，并单独赋予其评价结果权重，计入总分。然而，这种做法存在两个问题：其一，仅有少数院（校）级领导能够参与教学质量监控和评价工作；其二，由于领导工作比较繁重，难以全程参加所有被评价对象的教学质量监控和评价工作。如果只是部分参与的话，则会出现不平衡的情况。因此，更可行的方法是让领导成为督导组的一员，这样既可以让领导参与评价，又可以避免不公平现象的发生。

第二，同行评价。同行是指在层次、类别上相同或者是相近的同类群体，其工作性质、内容等没有多大差别。在教学质量监控与评价中，因为同行间彼此熟悉、了解，所以在评价实践中可以提供有价值的依据，从而保证教学质量评估的全面性与准确性。同行评价也叫“学科内部评价”，适用范围是相同专业、同研究室、同系（院部）。除日常工作外，教师之间还可以通过听课、观摩、研究和竞赛等活动来提高彼此对教学水平的认知，并为互相进行有效的教学质量评估提供基础。然而，在对系（院、部）、研究室进行整体性的综合性评估时，虽然各自属于一个学校或系（院、部），但由于各自工作具有一定程度上的独立性，彼此之间了解程度有限，因此，在这种情况下不宜将其纳入参与者名单进行综合性的考核。

第三，自我评价。自我评价是被评价对象自己进行的一种评价方式，包括系（院、部）、研究室、教师和学生等根据各自的评价指标体系进行的自我总结、自我诊断和自我评价。在学院对系（院、部）进行评价时，系（院、部）也需要进行自我评价；而在系（院部）对研究室、教师和学生进行评价时，这些被评价者也应该主动地开展自我评估。这种由教学活动组织者、实施者和参与者共同完成的互动式反馈机制，可以促进被评价者更加积极地面对教学工作和评估工作，并充分反映他们对于教学过程及其质量标准的理解程度。因此，在教育质量监控与测量方面，自我评估是不可缺少的部分。通过开展自我评估，既能够彰显对被测对象的尊重，又可以通过汇报结果发现问题并纠正他人可能存在的误差和偏见。同时，在听取合理化建议方面也具有很大优势，并且可以通过这种方式使得被测对象接受更好的自我教育和提高，从而更好地发挥评估工作的正效应。因此，我们需要重视自我评价这一环节，并不断完善其指标体系和方法论，以便更加准确地反映教学质量水平及其变化趋势。

第四，服务对象评价。不管是学校还是教师，都把学生作为重要的服务对象。对于教学活动来说，学生是最重要的主体，师生共同参与并以良性互动的方式展开。因此，他们对于系（院、部）和教师的教学质量有着直接且可靠的验证作用。换言之，只有通过满足学生需求并提供高质量的教育才能真正实现优秀的教育目标。无论是督导检查还是同行听课，都不可能从所听的几节课中全面了解教师的责任心、教学水平和教学效果，只有每节课都在听课的学生才最了解教师的详细情况。学生可以根据自己的亲身体验，对教师的教学内容地科学性、教学方法的合理性、教学手段的先进性以及教学效果的实用性等方面进行相应的评价。此外，通过考试等方式检验和反馈学生的学习效果也是重要的监控及评价渠道之一。参与评价不仅增强了被评部门和教师的责任感，还为及时发现问题提供了依据。

（2）教学质量监控与评价工作的主要内容。为了适应高等教育人才培养的实际需要，近年来不少院校逐步转变了教学质量监控与评价的工作重心。过去的工作重点是进行理论教学监督与指导，把理论放在核心地位，而现在则坚持理论教学和实践教学并重，并且高度关注实践教学的设计与展开；过去的监督指导重点是课程教学质量，而现在则强调课程教学质量和专业建设质量并重，更加倾斜于对专业建设质量的监督指导；过去的监督指导侧重点是行为，而现在的重视教学效果和管理效果的监督与指导；从过去更加关注对教学的监督，变成综合监督教学、学习、管理、评价这四个方面；从过去单一化评价教师教学水准变成现在针对教学管理工作展开专项评价和质量监督，从而更好地凸显高等教育的特征，得到全新的工作思路。

（3）教学质量监控与评价工作的基本做法。从形式上进行划分，通常情况下可以分成专项督导、常态化常规检查、综合督导与信息反馈等。针对差异化的内容，在选取工作方法时也要体现差别。下面介绍以下十种常用方法。

第一，自汇报。教学督导部门是先告知被督导检查的部门，指出具体要进行督导检查的程序、要求、工作目的与具体安排等，在完成这些信息告知工作之后，被评价对象需要自查自评，然后对结果进行汇报。在这一过程当中，教学督导部门的通知能够提供有效导向，同时也可以夯实前期工作基础。

第二，座谈及走访。结合具体的督导内容和工作要求，可分别组织开展类别或是层次差异的座谈会，这样的方法有助于督导人员深入师生与管理人员群体当中，顺利把握教学实际，当然也有助于客观、准确地获得全方位的信息，对被督导部门工作起到良好的指导作用。在调查研究工作当中，谈心与个别化走访工作也是常用方法，能够拉近谈话双方的关系，增加亲切感，从而在这一过程当中获得大量无法通过座谈会了解的真实信息。

第三，查阅资料。对接受督导的师生或者是工作部门的有关教学资料进行认真查找和分析。这些资料非常宝贵，主要原因是其承载着工作轨迹与进展，能够为落实督导工作带来一手资料与线索，得到更加优质的督导信息。

第四，现场视察。根据具体的工作需要，监督人员可深入被监督部门或者是教学现场，亲身观察教风学风、工作作风等情况，实地感知教学管理效果。这样做有助于加强感性认识，从而更客观地判断、点评。此外，通过实地考察还能够拓宽视野、增长见识，为今后的工作提供更多启示和借鉴。

第五，随听课。课堂是师生互动交流、顺利落实教学与学习活动的坚实阵地。在整个教学实践当中，基于核心环节评估教师工作效果与工作质量，往往取决于课堂教学质量水平，所以课堂教学是影响教学质量的重要因素。督导人员一定要经常深入课堂教学和实践性教学现场，通过听课、评课进行现场视察，对任课教师的“备、讲、批、辅、练、考”等环节进行检查，了解教师的教学情况，就教学规范、教学质量与教学效果进行综合评价，及时提出建设性的改进意见。听课评教是教学督导人员最重要的工作之一。

督导听课一般是随堂听课，在听课方式上各校的做法各不相同：有的是先告知再听课；有的是不通知直接听课；还有的采取普通教育学校“推门听课”的方式。这些方式的选择当然都有各自的理由或理论根据，但无论采取什么方式，最好对所有被听课教师采取统一或同一的形式，如此可以让大家站在同一起跑线上，比较公平，便于比较，也可减少麻烦。也有老师提出，“推门听课”不是高等教育教学督导听课的最佳方式，其副作用比较明显；不通知的方式也不好，而建议采取“通知听课”的方式。这种方式有利于促进教师教学设计的主动性，因为教师会在知晓有人听课的情况下，做好充分的教学设计准备工作。当然，只有在教师处在良好的准备状态之下发现了其中的问题，才在真正意义上改进了问题。

第六，问卷测评。利用问卷测评方法能够获得被服务对象对于被督导对象的综合点评结果，还能依托统计剖析方法获得开展督导评价的有效依据。

问卷的内容应根据测评的目的而定，如果是课堂教学质量测评问卷，关注的重点应放在学生的学习效果上，采用答卷人所熟悉的语言，而不能使用专业术语或抽象术语。项目的数量一般以涵盖所应了解的基本评价要素为宜，不宜过于复杂。有学者建议，要想学生认真填写问卷，就应该在内容设置方面进行简化，去掉侧重检查教师讲解水平、学生理解与选择难度大的项目等，而应按学生是否学得好的标准进行设计或调查。

问卷的填报方式一般是听课者当堂发放、当堂填写、当堂回收。这种做法的优点是及时、便捷，当然，这种做法也是有缺陷存在的，那就是用时较短显得比较仓促，学生来不及认真思考问题。当然也会有一些学生因为教师在场，而不会对真实的想法进行表露。因此，问卷也可以改为在课后发放，次日回收，或在期末考试之前再进行问卷测评。

网络评价的使用方便了问卷的统计，提高了学生的参与率，具有很多优点，但仍然不能完全取代纸质问卷，毕竟两者各有优劣，要根据不同的情况酌情选择。

第七，专题研究。结合教育教学开展的实际需求，基于不同的时间阶段确定差异化的专题，推进后续的调查研究工作。当然也可以针对实际督导工作当中遇到的问题和部门领导与教师共同研究讨论，统一彼此的思想认知，共同就问题提出解决方案，在顺利解决问题的同时成功推进工作。

第八，教学活动。帮教的形式可以有多种，对教师来说，可以开展专题研讨、专题“会诊”、说课评课、示范课、观摩课，总结推广优秀教师的教学经验等；对学生来说，可以开展主题班会、学习经验交流会、报告会、师生联席会，也可以组织学生到实习、实训基地参观学习，到有关单位开展联谊活动等。其目的是使某个存在的问题得到根本的解决，使个人、团体或部门得到具体的帮助。

第九，信息工作。运用定期组织信息员会议、教师座谈会、多种形式的信息追踪与调查活动，以便收集尽可能全面的教学信息，然后对这些信息进行统计处理和有效反馈。

在信息的处理与利用方面，需要注意以下三个方面：其一，应注意筛选有用信息；其二，应根据信息的属性，对信息进行分类，努力把“死”信息变为“活”信息；其三，应及时向领导或有关部门进行分类后的信息反馈，使信息能够顺利到达。这样做既便于领导掌握全局，也便于部门根据信息整改工作。切忌把信息束之高阁、不闻不问，也不能让它一直处于一团乱麻的状态，更不能随意处置。

第十，总结交流。开展有效的总结交流活动，不仅能够对以往工作展开回顾性的分析与点评，还可以对未来的工作安排进行交流、汇报，从而进一步得到领导的关注与支持，当然也能够对实际督导工作当中总结的经验与发现的先进典型进行归纳、沟通和综合推广。

3. 教学质量监控与评价工作的一般流程

具体工作流程基本可分成下面三个阶段，即计划准备阶段、组织实施阶段、结果处理阶段。

（1）计划准备阶段

第一，制订计划是开展各项工作的关键。为了监控和评价工作的顺利进行，必须根据其目的和任务制订相应的计划或提纲。这包括确定督导对象、内容、时间、方式方法及参与人员；组织相关学习教育活动；设计并印制调查表册和问卷资料；向被督导部门下达通知书，并要求他们准备相关资料；对参加督导的人员进行项目培训，使其明确工作目标、承担具体责任、达成工作要求，确保所有人齐心协力地完成实际的工作任务。

第二，在初次进行教学质量监控与评价之前，必须进行宣传与教育。通过宣传和教育，使各级教学组织负责人及广大师生充分认识到教学质量监控与评价的目的、价值。这样可以统一思想认识，并正确地对待并接受他人的评价，在准备和评价工作中更为投入；同时也需要努力营造积极向上的舆论氛围，形成争先创优的风气。随着评价工作全面、深入地开展，逐渐形成一种常态化监控模式和管理手段，使其成为大家习以为常的工作。这样可以使评价工作日益完善，实现可持续发展。

第三，学习与理解。教学质量监控和评价目的可以概括为以下四点：一是做好对目前教学现状的研究与调查工作；二是通过监督评价，发现教学中存在的实际问题；三是确定科学有效的管理方案，通过有效的教学管理实现监控评价目标；四是为教学质量的提高提供可靠的参考与保障。所以一旦确定了监控和评价指标体系，就必须认真学习这些指标，并向各级教育组织和全体教师传达有关材料，让他们清楚地了解各种有关指标体系的构成与内涵，并领会各级指标、条目的标准与要求。评价不是最终目的，而是实现目标的手段。通过评价可以促进各方面工作达到所要满足的评价标准与要求。因此，我们必须重视对于评价指标体系的学习和理解，并努力使每个方面的工作都能够达到所要满足的标准要求。从某种意义上来说，这既是前期工作也是主要工作。

第四，准备评价所需的资料。对于表格方面，评价组织者应当准备各种调查和评价表格，并尽可能将它们统一以便于汇总计算。有些表格还可以印制成计算机可识别的机读卡。受检资料方面则由被评价的部门或个人按照相应的评价指标体系准备受检资料、自评报告和相关说明。此外，教务处、系（院、部）等部门平时积累的与被评价者相关的资料也是必不可少的。学生成绩是重要的参考依据之一，其包括考试成绩（期中与期末）、课堂吸收率、实验成绩、实训成绩、技能证书、岗位证书、外语、计算机水平测试成绩等多种因素。这些学生成绩可以从不同角度反映教学质量和水平，还可以根据不同类型的教学质量监控与评价选取相应类型的学生成绩作为教学效果评估依据。在处理课程考试成绩时，需要做到“教”“考”分离，并进行加权平均以使得整个过程更加客观可信。此外，课堂吸收率也可以通过现场命题测试进行评估。总之，在准备评价所需的资料时，需要充分考虑不同类型的数据来源，并且根据实际情况进行合理的选择和处理。

（2）组织实施阶段

在质量监控与评价中，组织实施是至关重要的环节。如何有效地开展组织实施工作，直接影响质量监控与评价工作的效果。首先，督导人员要明确工作计划、工作要求，选好评价主体，指明评价内容、标准和指标，以便有针对性地进行工作。其次，通过深入细致的调查、现场观察、测评和个别访问等方式收集各方面信息，并查阅各种相关资料，获取第一手材料；同时采取有效措施保证各种信息的真实性、时效性、全面系统性，并建立相应的档案记录和工作过程。最后，在教育方针和相关法规、学院（校）规章制度、工作计划的基础上坚持实事求是的态度，尊重客观事实准则，并加以分析研究。在组织实施中注重方法论与操作技巧并结合具体情况灵活运用才能更好地完成任务。工作中要扎扎实实，深入基层，深入课堂，深入师生之中。既要总结经验、肯定成绩，又要发现问题、提出问题。切忌走马观花、偏听偏信、主观臆断，更不得随意发表未经核实的言论，甚至扰乱正常的教学工作秩序。

（3）结果处理阶段

完成教学质量监控评价工作后，应及时对评价结果进行处理，并转化，以确保评价的有效发挥。在结束教学质量监控与评价工作后，需要对所获得的资料和信息进行科学的统计分析，找出规律性的结论，为反馈和质量控制提供依据。这种质量分析包括状态分析和因果分析两种类型，前者是对现有状态的描述性分析判断，而后者则是推断影响质量的原因。其中，对评价结果进行处理的方式有以下七种。

第一，提出督导评价报告。质量分析之后要及时写出督导评价报告。督导评价报告一般至少应包括以下三个方面内容：基本情况、成绩和经验、存在的问题及原因分析。督导评价报告是供有关领导和教学管理部门了解情况、修正决策的依据，也是对被督导部门的书面建议或意见。

第二，公示通报是督导评价的重要环节。结合具体情况的差异性，可以采用文字或口头等多种形式及时向被评价对象反馈结果，并在一定范围内进行公示。反馈内容应包括优缺点和改进建议等具体意见，以帮助被评价对象明确如何提高教学质量。同时，通过公示或通报也可以起到教育作用。

第三，评选先进，做好表彰。对于表现优秀的被评价者，应给予适当的表彰和奖励。这些奖励既可以是精神上的激励，也可以是物质上的奖励。例如，记入业务档案、与晋升挂钩等方式都是不错的选择。表彰时需要言之有物，找出其先进之处。

第四，给予帮助，提供引导。对于成绩较低的被评价部门或个人，则需要给予帮助和指导。在肯定其成绩的前提下，指出存在的问题并分析原因所在，明确整改方向和措施。如果某个部门或个人未能达到教学质量标准，那么必须严格要求其限期整改、纠正偏差。在一定期限内应要求被督导、被评价的部门或个人写出改进工作的情况报告，督导部门可在学院（校）的安排之下，按整改部门所提出的要求对其整改情况进行复查。

第五，坚持举一反三。在实际评价工作当中，针对其中发现的问题或者是得到的意见与建议，做好归纳、汇总工作，明确这些问题出现的根源，找准责任人和责任部门，督促其加强反思，不断改进，结合实际工作的具体情况找到解决问题的策略，促进教学质量的提高。

第六，促进整改。评价是为了促进教学质量的提高，为了人的发展。为了促进整改，体现“评价的目的是发展”的思想，有些院校在督导评估回访中，只要对以前存在的问题进行了整改并达到了标准要求，允许其把有关指标所扣的分数补上。这体现了评价不是为了惩罚人，不是为了扣分。“事前有提醒，过程有督导，结果有交流，失误可补救”，这种做法值得借鉴。

第七，资料收集归档。在督导评价完成之后，应该积极构建工作档案，对档案资料的内容进行分类，满足后续的查找利用要求，档案资料也可以为后续的整改或者是复查带来实际依据。

4．教学质量管理系统基础模型

（1）教学质量管理系统基础模型的特点。对于一个系统，人们如何进行看待，往往可以划分成三个层次，这三个层次是不同的。第一层是事件层，这些人往往只看到事情本身，会根据事件的发生采取反应性的行动；第二层是行为变化形态层，这些人能够看到事件的发展趋势，并且能够采取顺应变化趋势的行动；第三层是系统结构层，这些人能够看到引起事件及其发展趋势的系统结构，并因此能够找到推动系统发展或解决问题的关键。

高校是重要的社会系统，具备动态与开放的特征，在做好本科教学质量管理方面需要使用若干基础模型来表征本科教育系统的结构特点，从而提供一种更加全面和系统的思考框架。基础模型应该满足四个简单要求：第一，系统视角。基础模型将本科教育视为一个整体，并通过分析各个组成部分之间的相互作用和影响来理解整个教育体系；第二，多维度。基础模型考虑了多种因素对于本科教育质量管理产生的影响，包括师资力量、课程设置、学生评价等。第三，动态性。基础模型能够反映本科教育系统的动态变化，包括学生人数、课程设置和师资力量等方面的变化。第四，可操作性。基础模型提供了一种可操作的框架，使得管理者可以根据实际情况进行调整和改进。下面介绍该系统基础模型的主要特点。

第一，系统要素之间存在“因”“果”互动性。大学本科教育系统是由多个因素构成的，这些因素之间并不是静态、稳定或线性关联的，而更多地呈现动态、互为因果的环状反应式关系。在这种反应式环路中，任何因素都是反应环路的组成部分。根据系统动力学原理，这种反应式环路可以分为两种类型，一种是不断增强的环路，另一种是反复调节的环路。同时，在“因”与“果”之间存在时间延迟，即时间延迟会使由“因”带来的“果”以渐进的方式产生。当人们处于一个带有时间延迟和不断增强的环路中时，很难察觉微小的局部变化对整个系统造成巨大影响，并且容易导致系统震荡。而当人们处于一个反复调节的环路中时，则会感到改善系统行为非常困难，并且相较于改善结果，改善投入往往过大。如果我们不能了解在本科教学系统中存在哪些增强和反复调节的环路及它们具有何种和多长时间的延迟，那么就难以把握本科教学改革的关键。因此，在本书所绘制的系统基础模型中，简单地用“+”和“−”表示因果之间的同向反应和导向反应，并用箭头上的“延迟”表示时间延迟。这样可以更好地理解本科教育系统中各个因素之间复杂而又微妙的相互作用的关系，为改善本科教学提供有力的支持。

第二，每个基础模型均与环境有关。19 世纪的洪堡思想对高校建设产生了深远影响。它主张大学应该独立于政府和经济社会，教师应从事纯粹的科学研究，并能做到耐得住寂寞。然而，现代高校必须具备三项功能：培养人才、开展科学研究和服务社会。这要求现代高校必须是一个开放的系统。根据 ISO9001：2000 标准定义，质量是“一组固有特性满足要求的程度”。因此，本科教育质量好坏的程度与“要求”相对应。从表面上进行分析，教育质量可以根据相关毕业和学位标准规定来衡量，并由此颁发毕业证书和学位证书。从实质上分析，教育质量评估标准并非如此简单。高等教育是非义务制教育，在资金投入（即学费）购买高等教育时，学生不仅是高校教育产品，也是客户。因此，本科教育系统既需要将洪堡大学发展思想视为封闭系统以对待产品；同时也需要将其视为开放系统以满足客户需求。此外，本科教育质量的要求来自多个方面，包括用人单位、学校、政府和更高层次的招生部门等利益相关者。这些人不仅会对高校提出不同的要求，而且他们的需求也会影响高校行为。如果想改善本科教育质量，不仅需要关注高校内部甚至整个教育系统内部，还需要构建一个系统基础模型以便理解外部环境对本科教育系统的影响，并据此采取有效的措施以避免忽视外部环境带来的威胁。

第三，以本科毕业生就业状况作为系统运行的驱动力。要提高本科教学质量，就要找到推动本科教学系统运行的动力。本科教学质量的内涵非常复杂，为了加深理解，必须知道本科教学的特性。一般产品质量是被动产生的，在ISO9001：2000标准中关于质量特性的定义也只是证明特性可以是固有的或被赋予的。但是教学质量与学生主动获取知识的能力和意识存在密不可分的关系。因此，教学产品的质量特征不仅有“固有或赋予”的属性，还具有“主动获取”的特点。学生对学习各方面积极探索、投入程度将对教学质量产生深刻影响。提高教育品质源于“教”和“学”双方的共同努力，这已经成为一种共识，所以只有通过这两个环节之间的协调互动才能够提高整体教育水平。据本书所述，在衡量本科教育品质时最重要的标准应该由用人单位制定，毕竟大多数在校大学生并不是单纯地为了学习而来到大学，他们的目标是为了获得自己所需的东西。就业机会将影响高校和学生的行为，因此本章研究的系统基础模型以就业状况作为推动本科教育系统运行的驱动力。

（2）反应迟缓的基础模型。教育系统中各个环节之间存在紧密的互动关系，这种关系可以用图2-2-1表示。我们发现，高质量的高校本科毕业生更容易找到好工作，就业状况良好的学生不容易改变自己所学的专业。当专业变化较小时，对师资要求也会相应减少；反之，如果对师资要求稳定，则毕业生的质量也会得到提升。需要注意的是，在这些环节之间存在一定时间上的延迟效应。在社会变化程度较低时，这种延迟并不影响整个循环运行的顺畅。换句话说，在教育系统中每一个环节都与其他环节相互依存、相互制约。只有当每一个环节都能够正常运转，并且彼此之间保持平衡和稳定时，整个教育体系才能够有效地为社会培养优秀人才。因此，在推进教育改革和发展的过程中，我们必须注重各个层面之间的协调配合，并且及时解决可能出现的问题和矛盾。只有这样才能够确保教育系统的可持续发展，为社会提供更多、更优质的人才资源。

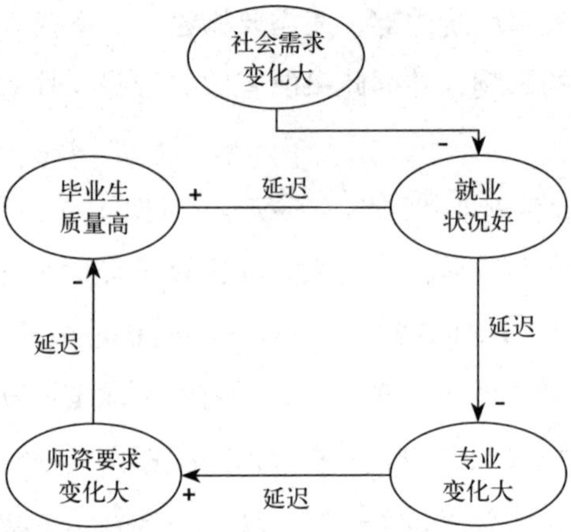

图 2–2–1　教育系统互动关系

但是，唯一不变的就是变化。1990 年杰克・韦尔奇（Jack Welch）曾经说："与 20 世纪 80 年代相比，90 年代的生活就像在公园里野和散。"然而到了 1999 年，比尔・盖却说："伴随现代科技的进步，特别是数字科技的蓬勃发展，在未来 10 年社会变化会超过过去 50 年所发生的变化之和。"这表明社会变革速度逐步加快，并且图 2–2–1 中各个反应所带有的时间延迟将对这种循环产生严重影响。当社会需求快速改变时，毕业生就业情况也会立即受到影响。原本按照专业设置学习的毕业生可能面临就业困难地情况。这种情况下高校需要进行大规模的调整以适应市场需求。然而专业调整也要求对高校教师进行相应的调整。如果对教师要求太高，那么他们无法立即满足这些要求，从而导致教学质量下降；而低质量的教育则使得学生成为就业市场上更加脆弱和不稳定的存在。因此可以看出，在现代社会中需求变化速度加快后果非常严重，原本良性的循环可能会迅速转变为恶性循环。这种情况下，各个反应环节的时间延迟成了罪魁祸首。

高等教育有其自身的运行规律，每个环节都需要一定的时间来完成。因此，我们不能期望将每个反应环节的时间延迟降低到零。例如，学校不可能立即根据某一年度的就业状况调整专业设置；教师也需要一定时间来满足新专业的教学要求；而学生也需要较长时间的学习才能达到毕业所需的专业水平。这些环节的时间延迟可长达 4 年或更久，在这段时间内社会需求可能会发生多次变化。为了解决这种恶性循环问题，我们可以采取两种方案，即减少变化度和缩短时间延迟。然而，前者并不可行，并且可能会导致问题进一步恶化。相比之下，后者是可行的，并且可以在以下三个方面进行改进。

第一，为了缩短高校专业设置所需的时间，需要考虑多种因素。一方面，市场和社会需求的变化是必须要考虑的，但另一方面，学科成熟程度也是一个重要因素。新学科需要若干年的知识积累才能够成熟发展，因此，高校应该提高对社会需求变化的预测能力，并且走在变革的前沿。

第二，除了专业设置，师资队伍也需要满足新要求。然而，这个过程同样需要时间。如果想要缩短这个时间，那么往往会降低教学质量。不过，在师资队伍中可以分为基础课和专业基础课师资及专业课师资两部分，由于基础课和专业基础课师资相对稳定，所以我们可以将重点放在专业课师资方面。

第三，缩短从入学到毕业的时间。当然，在这个过程中不能以降低毕业生质量为代价，因此我们可以采取入学两年后再细分专业的方式来延迟培养，将 4 年缩短至 2 年。很多学校已经采取了这种方式，但如果在此期间再增加一次专业选择的环节，那么这个周期会更短，具体如图 2-2-2 所示。

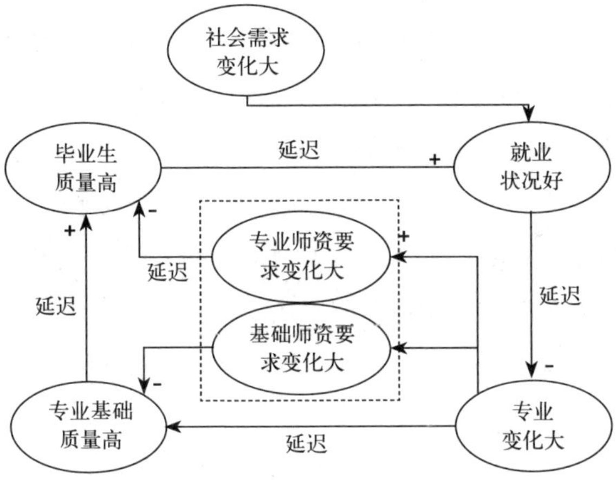

图 2-2-2　教育系统互动关系

（3）成长极限的基础模型。中国高等教育市场是少数几个买方市场之一。高校被认为是黄金宝地，诸多民办高校的兴起就是最好的证明。高校越来越重视品牌建设，以此促进发展。名牌高校更容易吸引优质生源和师资队伍，从而提升毕业生的素质和就业竞争力，形成良性循环。相反地，品牌建设不佳的高校则面临着恶性循环，具体表现为缺乏优秀生源和师资队伍导致毕业生素质低下、就业竞争力弱化。因此，在当前激烈的市场竞争中，高等教育机构必须注重品牌建设，并不断提升自身实力与影响力。只有如此才能在未来取得更好的发展和成果，具体如图 2-2-3 所示。

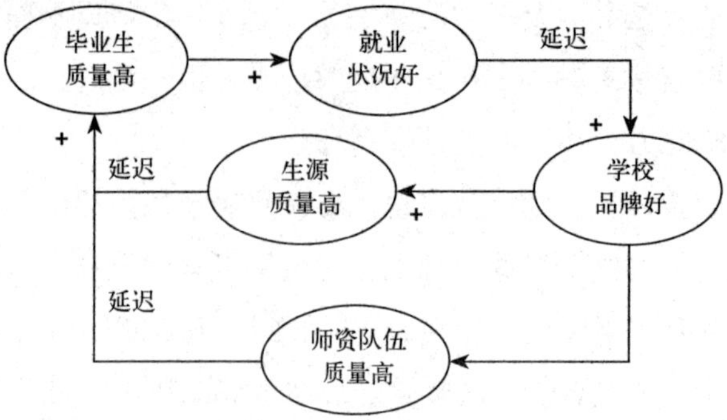

图 2-2-3　教育系统互动关系

即使是品牌高校也会遇到成长极限，品牌越好的学校越难以抵御扩大规模的诱惑。学校规模的扩大源于生源和师资的膨胀，目前我国已出现了有四五万在校生规模的高校，甚至不少城市拥有十几所这样的高校。随着学生数量的增加，师资队伍也将相应增加。但当生源数量开始减少时（或者由于社会需求变化导致专业生源数量震荡），师资队伍会产生变化，并且这种变化的滞后会给学院带来极大后遗症，即教学质量与部分生源质量可能下降，用人单位对这些学校的评价也可能下降。这些后果将造成名牌高校成长受限，甚至可能转向恶性循环（如图 2-2-4 所示）。如果我们没有清楚地认识到造成高校成长极限的系统结构，那么我们就无法意识到潜在的威胁正在逐渐逼近。

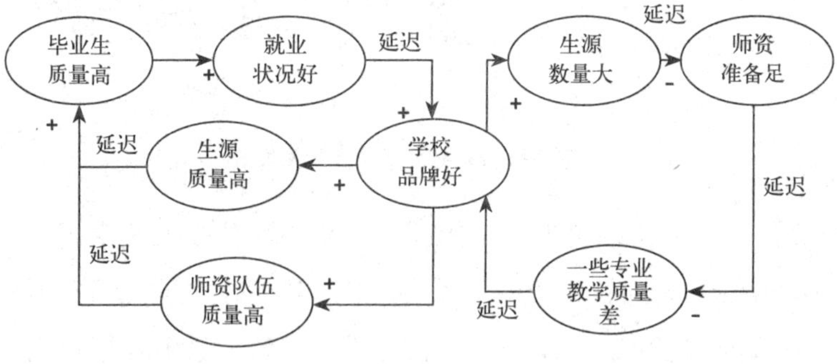

图 2-2-4　教育系统互动关系

对于品牌建设不佳的学校而言，其品牌劣势将会加速其衰落的步伐。这也会导致生源、教育经费等资源集中于少数名牌高校（如图 2–2–5 所示）。更为严重的是，这种情况还可能影响研究生教育，并对整个国家的高等教育体系造成极大的损害。因此，在提升学校品牌方面需要引起足够重视，以避免出现类似的问题。

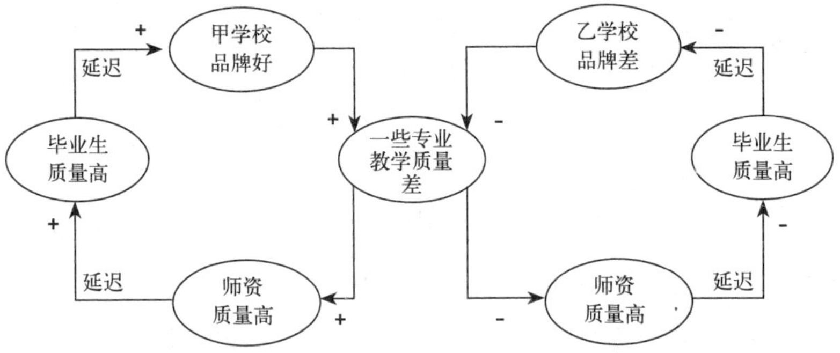

图 2–2–5　教育系统互动关系

为了解决品牌高校成长极限问题或延缓其衰落，我们需要将有效的着力点放在具有调节路的系统结构方面。这意味着我们应该采取类似于图 2–2–6 中的方案，也就是明确学校定位、学校特色，集中配置教育资源，壮大核心竞争力。相较于盲目扩大规模，这种方法更加可行且有效。虽然学校规模扩大了，但是如果不相关专业之间无法实现师资和其他教育资源上的协同效应，则规模效应并不能发挥作用。对于品牌建设不佳的高校而言，更要防止盲目扩张。相反地，他们应该将精力集中于提高专业教学和科研质量，并以此提升学校品牌优势（如图 2–2–7 所示）。在高校市场中，“先做后做强”的思想已经深入人心。然而，在社会需求变化的情况下，这种竞争方式可能会给高校发展带来不良影响。

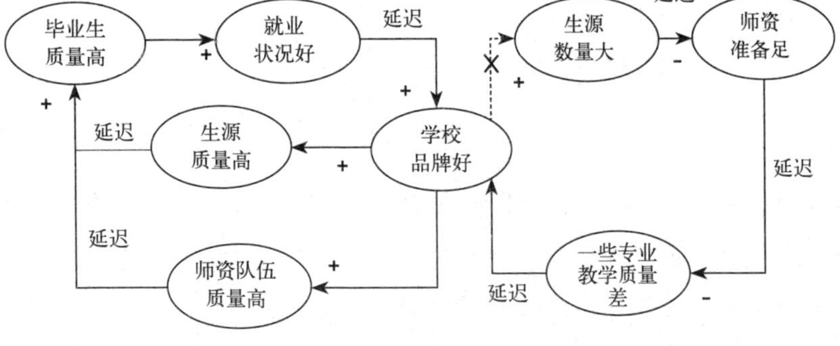

图 2–2–6　教育系统互动关系

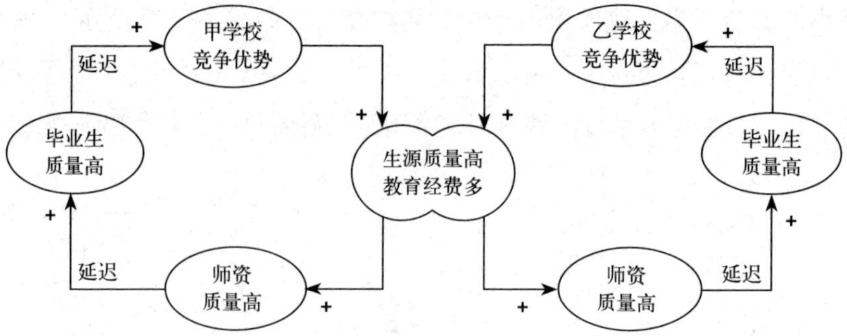

图 2–2–7　教育系统互动关系

(4) 目标侵蚀的基础模型。就当前情况来看，我国高等教育面临着一种令人担忧的现象——教学质量后移。也就是说，本科阶段的教学质量水平正逐渐向研究生阶段推进。这种现象不仅体现了高校发展目标定位的混淆和评价机制的误导，而且还加剧了对本科教学质量目标的侵蚀。这种侵蚀不仅会导致教育成本上升，给国家高等教育的信誉度带来影响，还会阻碍学校的发展。为了更好地理解这种目标侵蚀现象，我们可以看一下图 2–2–8 所示的系统基础模型。

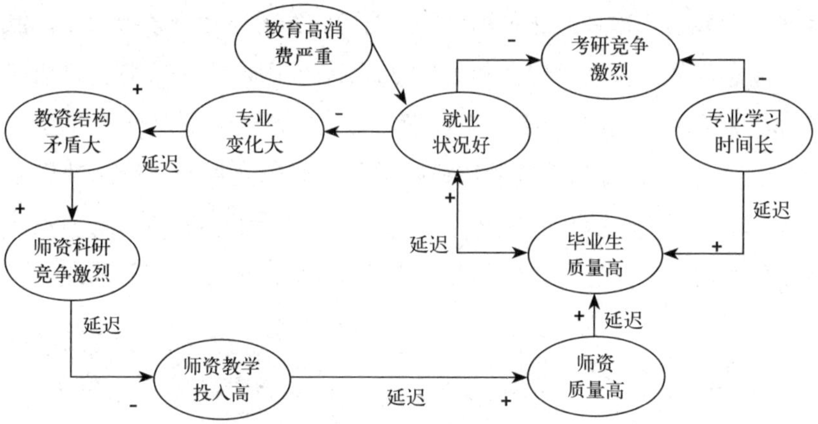

图 2–2–8　教育系统互动关系

通过观察图 2–2–9 的右半部所了解到的信息是因为教育消费的高涨现象严重，导致本科生就业竞争日益激烈。而这种激烈的就业竞争又进一步加剧了考研竞争的激烈程度。随着考研竞争的不断加剧，学生用于学习本科教学计划内的课程的时间也越来越少，这种时间减少所带来的后果是本科教学质量下降。目前，考研对专业课程的要求程度远不如对外语和数学等公共基础课程的要求程度高。

这种导向加剧了对本科教学质量目标的侵蚀。因此，在提高大众基础素养水平同时，我们也应该注重提升专业技能和实践能力，并在保证本科教育质量稳定提升方面下更多功夫。只有这样才能真正满足社会需求，培养具备综合素质和创新精神的人才，并为国家发展作出积极贡献。

从图 2–2–9 的左半部分图可以看出，随着社会需求的改变，教师队伍的结构性矛盾越来越明显。这种矛盾主要表现在人才缺乏、专业师资落后，无法满足当今教育发展的需求。此外，由于高校扩招政策的实施，各高校的教师队伍规模不断扩大，导致教师之间的竞争更为激烈。如今很多大学都想成为研究型大学，而这种类型的大学有两个显著特点：一是科研实力雄厚、成果丰硕；二是拥有较多数量和较大比例的研究生。然而，前者造成了以科研成果作为评价教师优劣的标准，而非教学效果，并且导致很多教师对提高自身教学能力缺乏投入；后者则使得各大学纷纷扩大了招收研究生的规模，使得一个导师指导十几个甚至几十个硕士生、博士生。这样做虽然可以增加毕业生的数量，但也导致了研究生的质量降低。为解决上述问题，可以做好以下三个方面的工作（如图 2–2–9 所示）。

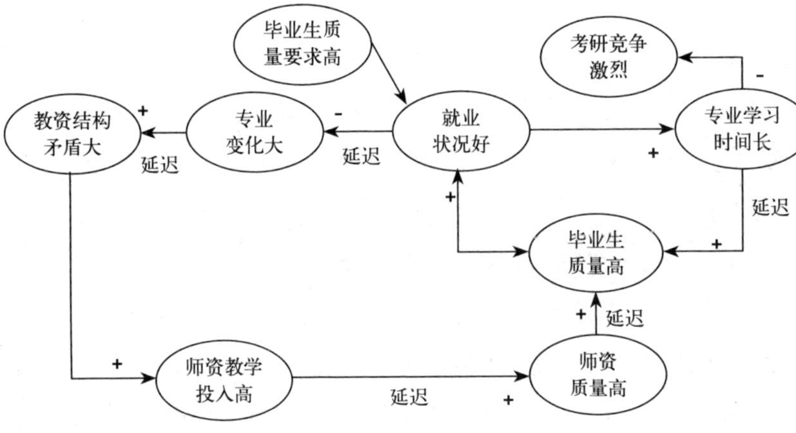

图 2–2–9　教育系统互动关系

首先，我们应该注重学生的能力而非学历。当然，在某些职业中学历仍然属于必要条件。随着社会对教学质量的要求的提升，学生需要更多时间投入专业学习，以提升本科教学质量。

其次，在考研时提高对专业课程的要求也是非常必要的。如今许多学生在考研时最大的压力主要集中在外语和数学方面，而对于专业课程却并不太关注。这种现象不仅会影响本科阶段的教育质量，还可能导致在读研期间由于缺乏专业基础而无法进行深入研究。虽然外语和数学都很重要，但我们必须认识到我国高校的教育水平与世界教育水平相比仍存在差距这一事实。如果不能改变现有局面，那么尽管我国研究生数量增长迅速，但与世界先进教育水平之间依旧存在较大差距。

最后，优化学校与教师评价标准设置。不同评价标准会造成差异化的行为方式。如今高校评价标准集中于科研，即使是在教学方面也只关注博士点数量等指标。这种情况导致高校与中国科学院、中国社会科学院等研究机构之间的差距正在缩小。然而，这种评价标准忽略了大学最本质的目的：教育和培养学生。同时，对于高校教师来说，他们被评估时所使用的方法越来越接近于科研人员所受到的评估方式，在教学方面成为区分教授和研究员之间差异性的一个点缀。为了提高本科教育质量，我们必须重新审视大学在整个社会系统中所处的位置，并且厘清其与其他机构（如研究院）及其内部各职能部门（如科研、教学部门）之间存在哪些区别。因此，在制定新的评价标准时应该更加重视大学最基本、最核心任务——培养优秀人才。

管理本科教学质量的系统是一个十分复杂的社会系统，其中事实真相与我们习惯的思维方式之间存在巨大差距。因此，构建基础模型可以帮助我们更清晰地看到这种复杂系统背后所隐藏的简单结构，并找到改善本科教育质量的关键所在。

5. 评估现状

（1）当前我国高校教学质量评估的综合现状

第一，我国高校教学质量评估现状。为全面了解我国高校教学质量评估的整体情况，根据 2017 年公布的全国普通高等学校名单，共有 1243 所普通本科院校。我们对这些院校进行了调查和筛选，并最终确定了 230 所独立设置教学质量监测与评估相关机构的高校。通过对这 230 所高校进行数据统计、数据分析，对我国高校教学质量检测与评估现状有了以下大致的了解。①

高校教学质量主管部门：在这 230 所高校中，有 12 所由国家部委主管，143 所由省、自治区、直辖市政府主管部门管理，另外还有 75 所由省、自治区教育

① 王小明，冯修猛．国内高校内部教学质量监测与评估机构发展：现状、问题与对策[J]. 上海教育评估研究，2018（4）：70—73.

厅或直辖市教委管理。由此了解到我国高校设立教学质量检测与评估机构的高校中不同级别主管部门的占比，并与同类主管部门高校进行比较（见表 2–2–1），最终发现，在外部制度相同的情况下，不同高校在设置机构方面有不同程度的“合法化危机”问题（诱使或迫使组织采纳具有合法性的观念力量），危机感强的高校更注重主动提升教学质量，基于本校的教学发展会主动设立教学质量检测与评估部门，而这些高校往往是国家或省市的重点高校。

表 2–2–1　我国高校教学质量机构主管部门情况

主管部门	数量	比例	占同类高校比例
国家部委	12	5.22 %	10.62 %
省、自治区、直辖市政府	143	62.17 %	20.40 %
省、自治区教育厅，直辖市教委	75	32.61 %	18.07 %

高校教学质量机构名称：当前，我国高校教学质量机构的名称选择在很大程度上是由其机构职能所决定的，通过关键词整理，可以大致了解我国高校教学质量的机构名称及其职能侧重点的不同（见表 2–2–2）。

表 2–2–2　我国高校教学质量机构名称及其职能侧重

序号	关键词	次数
1	质量	142
2	教学质量	112
3	评估	109
4	中心	104
5	办公室	71
6	监控	62
7	监测	47
8	处	44
9	管理	34
10	评价	23
11	发展	15
12	督导	13
13	监督	9
14	保障	6
15	委员会	5
16	规划	6
17	督查	4

续表

序号	关键词	次数
18	评建	4
19	研究	4
20	教育质量	3
21	促进	2
22	绩效	1

如表 2–2–2 所示，大多数学校都能清楚地认识到学校教学质量工作的重点和核心。这些独立设置教学质量监测与评估机构的高校将教学质量评估监控、评价和管理作为其主要职责。然而，也有一些高校认为该类机构在学校教学质量方面更多地发挥督导和监督的作用。同时，还有一些高校认为该类机构应具备规划、研究和绩效考核职能；也有一小部分高校将教学质量管理部门作为学校内部行政机构看待，用“中心”“办公室”“处”等字词命名。

研究发现，高校教学质量管理部门以监测、监控、管理、评估、督查等为主要职责（见表 2–2–3）。

表 2–2–3 高校教学质量管理部门名称职责关键词频数汇总

序号	职责	次数
1	监测	173
2	监控	131
3	管理	102
4	评估	97
5	督查	89
6	咨询	34
7	研究	25
8	规划	19
9	考核	19
10	指导	12

第二，我国高校教学质量保障体系建设的现状。通过查阅资料对我国高校教学质量保障审核情况进行调查分析，大部分专家和学者更加注重教学质量保障体系和质量监控，几乎完全忽视了质量信息的利用和改进。总体来看，我国各类高校为迎接评估需求而建设的教学质量保障体系同质化现象较为普遍，多样性不足。虽然学校在规范性措施方面如建立、成立组织及开展质量监测活动等方面的工作

做得比较到位，但是缺乏自主性的质量信息利用和改进，自我评估活动不足，整个教育领域的质量保障工作还停留在规范化阶段，需要进一步深入。①

（2）当前我国高校教学质量评估的政策基础

第一，《中华人民共和国高等教育法（2015 修正）》。我国是教育大国，自古以来都比较关注教育。现阶段我国重视高质量的人才培养，在法律上赋予了每个人接受教育的权利，并从法律角度对各个阶段的教育教学质量提出了要求。当前，我国所施行的《中华人民共和国高等教育法》是教育方面的最高层次的法律。该法自 1999 年 1 月 1 日起施行，在 2015 年 12 月 27 日经过修订后重新发布实施，在推动我国各级各类学校的教学改革方面，《中华人民共和国高等教育法》发挥了十分重要的作用。

第二，《高等学校信息公开办法》。为推动高校教学的发展与进步，使高校教学适应新时期的社会发展要求，从 2010 年 9 月 1 日起我国施行《高等学校信息公开办法》，要求公开高校的各项信息，以便更好地接受学生、教师、家长甚至整个社会的监督，从而办好教育，不断提高教学质量。

《高等学校信息公开办法》第二章第七条中指出，高校应公开的信息包括以下十个方面内容：学校的名称、学校的性质、办学规模、办学的目的、内部管理体制、学校领导、机构设置、学校制定的各项规章制度、学校年度工作计划、学校发展规划。《高等学校信息公开办法》的施行为本科教学质量报告的公开奠定了制度基础。

（三）高校教学质量监控与评价存在的问题

1. 教学管理工作规范化问题

教学管理松散。连续几年的扩招使地方高校在校学生人数急剧增加，教学管理、生活管理等方面的活动明显增多。很多地方高校对此没有充分的准备，仍沿用传统的教学管理手段和方式，管理质量难免下降，管理者的水平也亟待提高。但管理主体水平的提高需要一个过程，不是一蹴而就的，这更加重了地方高校的管理难度，使地方高校在教学管理上难免出现松散和失效的情况。

① 范菁．高校内部教学质量保障体系建设的现状与展望——基于本科审核评估实践的研究[J]. 中国大学教学，2019（3）：48-50.

教学管理是学校对教学工作进行计划、组织、指挥、协调与控制的实践活动。教学管理工作是正常教学工作开展的重要基础和保障，随着现代高校教学改革的不断深入，必须进一步提高高校教学管理水平，以便更好地完善高校教学，促进高校教学的进一步发展与完善。

教学管理范围广泛，涉及学校教育教学的多个层面，从管理对象来看，主要涉及以下三个方面。

第一，教学活动管理相关制度。对于高校来说，要规范教学管理，必须遵循基本的办学文件和办学实践开展教学，相关文件主要有《办学定位》《教学大纲制定规范》《教学计划制定规范》《人才培养方案》《专业建设管理办法》《教材建设管理办法》《课程建设管理办法》等。

第二，学生管理相关制度。与学生相关的管理制度主要有《学生信息员管理制度》《学生成绩管理规定》《学风建设实施细则》等。

第三，教师管理相关制度。与教师管理相关的制度文件主要有《教材使用规范》《备课规范》《教案撰写规范》《多媒体教学课件制作基本标准》《课堂教学规范》《课程实践规范》《实验教学规范》《实习实训规范》《毕业论文（设计）指导工作规范》《课堂教学考核规范》《教学信息员管理办法》《青年教师导师制工作规范》《班主任工作规范》《教师指导学生创新创业考核办法》《教师指导学生参加大赛考核办法》《课程教学质量评价规范》《教学质量监控与保障》《教学运行管理规范》《教学档案管理规范》《教学事故认定与管理办法》《师德师风规范》《教师教学工作规范》《教学管理工作规范》等。

下面将为大家讲述在教学管理规范化工作方面的一些问题。

（1）教学计划执行规范。教学计划是组织和管理教学的重要文件，它是所有教学工作的指南。在实施教学过程中，为了确保常规管理有序、规范，充分发挥教学管理监控职能，建立规范化的操作程序非常必要，必须以教学计划为纲，规范有序地展开教学工作，使教学工作更加科学、规范、合理。

在所有教学计划中，教案是与具体的教学活动开展最为紧密的教学计划与文件。教师应根据学校有关规定，科学编制教案并结合教学实践实施教案，具体应做好以下具体工作。

第一，教学准备工作。在期初，各学校、学院及各学科的教师应根据教学执行计划下达教学任务，同时落实教学准备工作。各学院教学管理部门应责成各基层学术组织负责人及时组织、落实本单位的教学任务，具体工作内容如下：

①要求课程主讲教师按照学校校历、教学大纲和教学任务书的规定填写课程的教学日历，并向学院教学管理部门提交电子版文档；

②教学管理人员应对教学准备工作进行分类汇总整理，并依据教学准备计划检查、验收整个学期的教学任务；

③如果发现某些课程的教师没有按照规范进行准备工作，则需要提出整改意见，并限期整改，达到规范要求后才能授课。

为了更有针对性和计划性地开展教育活动，每位老师都应该在上课前认真准备好课程。一份完整的课程计划应包括以下基本内容：

该课程的性质和要求，学习该课程的目标和任务，该课程主要内容及分配时间，学习该科目时需要重点关注和难点，学习方法，主要参考书籍，国内外最新发展动态及成果，布置练习题或作业量等相关信息，答疑辅导计划，实验准备计划，实践性教学环节计划，考核方式等。

第二，教学检查工作。教学活动是一个动态的活动，在教学过程中可能受各种因素影响而出现各种与教学计划不符的变动，教学工作完成后，要及时对教学工作进行检查，为以后的教学工作提供经验参考。对教师而言，他们应该如实记录自己的教学活动信息，并进行整理和检查。每周都要及时、准确地分析检查结果，并适时将教学工作中的意见和建议反映给教学管理部门。最后，教学管理部门会根据这些信息及时作出处理。

（2）规范化教学管理工作流程。建立规范化的教学管理工作流程有助于在教学工作中有针对性地、高效地利用各种教学资源，合理安排教学时间、教学活动，使整个教学更加科学、合理、规范、高效。

如表 2–2–4、表 2–2–5 所示，分别给出了两种不同类型的高校教学管理部门的具体教学组织工作进程的时间序列，从学生入学开始就做好学生培养计划的管理工作，并根据学校人才培养计划，提高高校教学管理水平，有序推进各项教学工作，以培养优秀的现代人才。

表 2-2-4　某大学教学管理部门课业组织工作进程时间序列 1

序号	工作进程包括的主要内容	起止时间
1	形成教务管理系统数据	适时
2	制订、修改和录入年级培养计划	适时
3	审核年级培养计划	适时
4	打印和装订计划	适时
5	录入新生专业、班级信息	新生报到后
6	课业启动	1—2 周
7	制订下学期计划初稿，审核下学期计划	3—5 周
8	制订下学期教学环节，填写下学期计划表格	6 周
9	教务处打印下学期计划后，发到各二级学院审核	7 周
10	下学期教学任务、各年级教学环节发到每个教学单位，各教学单位在规定时间落实、录入教学任务	8—9 周
11	教学管理部门整理教学任务数据，按年级、专业、班级安排理论课、实验课、上机课，校验学生班级、任课教师、教室、上机、实验等，形成课表初稿	10—11 周
12	教学管理人员通知任课教师检查、核对课表初稿	15 周
13	各二级学院与教务处调整、处理课表初稿问题，形成正式课表	16—17 周
14	通知任课教师、学生正式课表	18 周

表 2-2-5　某大学教学管理部门课业组织工作进程时间序列 2

序号	工作进程包括的主要内容	起止时间
1	基层学术组织确定新培养计划	适时
2	整理课程数据库，录入新增课程信息，经审核得到规范课程信息	适时
3	打印下学期计划发给基层学术组织	3 周
4	基层学术组织核实、调整、落实本学期各专业学期计划、教学环节	4—5 周
5	修正综合教务管理系统中各年级学期计划及教学环节	6 周
6	打印下学期计划，审批后交教务处	7 周
7	各基层学术组织落实教学任务，在系统中录入教学任务	8—9 周
8	通知任课教师核查课表初稿，收集意见反馈教务处	15 周
9	通知任课教师、学生查阅正式课表	18 周
10	组织学生上网选课	19 周

2. 教学质量内部监控层面

（1）教学质量内部监控的理念落后。我国一些高校的教育质量观念与管理理念陈旧，没有随高等院校的规模扩张而更新，这导致了内部监控体系无法有效地优化，从而频繁出现教学质量问题。具体而言，首先，高校对教学质量内部监控工作的重视程度不够，只求其有，不求其质。有些高校仅仅开展了常规性的教学评价工作，而且评价程序欠缺规范性，评价方式较为单一。由于缺乏系统性的评价组织和专业化的信息处理工具，导致评价数据缺乏科学性，教学质量内部监控和评价的作用不能真正地发挥。其次，高校缺乏教学质量内部监控意识，对教学质量的评价多、监控少。目前，虽然高校在教学活动的多个环节设置了相应的评价手段，但却很少有合理的监控举措。监控是评价工作开展的基础，缺乏监控制度和体系会增加评价信息搜集的难度并拉长信息处理周期，使得教学评价变得被动，并无法形成有效的评价体系。最后，高校盲目套用普通高等教育机构的评价模式，没有考虑自身的办学特色和监控特点，缺乏切合高等教育实际的监控和评价。

在经济效益与社会效益方面，一些高校更倾向于以经济效益为主，并将扩招视为增收的重要“契机”。虽然规模与质量之间也存在关联，但许多地方高校却忽视了客观条件并过于追求发展目标。有些地方甚至急于进行基建工作而影响了学校的校园环境，甚至影响到师生正常的教学和生活。因此，在提升我国高等教育水平的过程中，需要加强教育质量观念，更新与改进教学管理理念，并建立完善的内部监控体系。同时，在经济效益与社会效益之间要取得平衡，注重规模发展的同时也要关注教学投入和教学改革。最后，高校应该尊重客观条件并合理制定发展目标，避免过度追求规模而影响师生正常的教学和生活。

（2）教学质量内部监控存在缺位和失衡问题。从当前情况看，高校教学质量内部监控工作存在缺位与失衡问题。缺位现象主要表现为制度缺位和机构缺位。一方面，制度缺位主要是指高校根据教育主管部门的规定或学校的实际情况制定了一系列的规章制度，但在学院（系）层面却敷衍了事，只是用于应付检查，并未具体落实相关制度，更没有按照学院（系）的教学实际制定提升教学质量的措施。此外，制度的执行掺杂太多人为因素的影响，对违反规章制度者采取“就人论事”的处理方法，使得教学质量内部监控的规章制度沦为一纸空文，并未有效发挥制度的约束作用。另一方面，机构缺位主要指的是高校在教学质量内部监控方面存在问题。这些问题包括缺乏专业的组织机构及科学可行的教学质量内部监控指标体系。具体来说，高校各职能部门并没有充分发挥其在教学质量内部监控中的作用。如学院（系）是高校的教学基层部门，学院（系）的教学组织、教学实施和教学管理在保障高等教育质量的过程中发挥着十分关键的作用。建立学院（系）层面的教学质量内部监控与教学评价机构，能够从微观层面对教师的教学质量进行更加全面的监控和更加准确的评价。然而，现实中很少有高校建立学院（系）层级的教学质量监控与教学评价机构。

高校教学质量内部监控的失衡现象主要包括以下四个方面内容：第一，对理论教学环节的监控较为重视，而对实践教学环节则缺少必要的监控活动；第二，更加关注对课堂教学各个环节的监控，不注重其他环节和教育教学过程监控，同时还表现出教学检查缺位的问题；第三，把监控重点放在教师课堂教学效果层面，并且运用了非常严格的方法，但是对学生学习状况的监控比较少；第四，对教师教学水平、教学效果的监控较为重视，而对教师综合素质和整体能力的监控相对较少。

（3）教学质量内部监控缺乏长效机制。高校教学质量内部监控缺乏长效机制，主要表现在管理职责分工不明确和对监控效果的反馈相对滞后两个方面。

首次，在高校中，管理职责分工不明确是一个普遍存在的问题。其中，教学质量内部监控的职责没有得到很好的履行。由于学校各级领导大多忙于日常工作安排，他们用于教学质量内部监控的时间较少，缺乏对该项工作的深入研究。此外，高校职能部门的管理人员普遍认为教师是决定教学质量的关键因素，而自己只起到辅助作用，并且发挥的作用有限。这种错误观念也使得管理者容易出现怠慢行为，在教学质量内部监控方面表现不佳。总之，在高校中，管理人员的素质结构、水平及他们对教育思想观念的理解和应用程度都会影响他们对教学质量内部监控职责的履行情况。因此，未来需要加强相关培训和引导，提升管理人员在这一领域中的专业知识和技能水平，促使其正确理解和履行职责。

其次，高校内部学院（系）与学校之间的关系尚未完全明确，导致各学院（系）在教学质量监控中缺乏独立性和主体性。由于一些高校职能部门既要进行宏观调控，又要处理具体事务，这使得各学院（系）在教学质量监控方面不够积极主动。这种情况阻碍了各个学院（系）独立开展教学质量监控的发展，并影响了教育水平。此外，在反馈机制上也存在问题，高校对于发现的问题反馈不及时，导致监控效果相对滞后，同时也缺少跟踪验证和应对策略，经常出现上一年度检查和评估出现的问题在下一年度依然存在的现象。高校运用教学质量内部监控体系的目的往往只停留在发现问题的层面，却很少关注引发问题的原因及解决问题的策略。不仅没有及时反馈问题，使问题延续的周期较长，而且缺乏对问题的跟踪验证，甚至将问题束之高阁。此外，高校缺乏极具针对性的解决措施，无法将问题落实到具体的单位和个人，相应的责任也难以追究。由此导致教学质量内部监控的效果不明显，随着高校日常事务的开展，对教学质量内部监控活动的重视程度也在逐渐降低。

3. 课堂教学质量评价问题

（1）课堂教学质量评价标准问题

第一，拿来主义。在我国高校教学中，有很多教学评价标准缺乏必要的理论研究，也没有经过实践的验证，是对国内外其他高校教学评价标准的“拿来主义”，有些教学评价标准并不适合本校、本学科的教学质量评价。

我国不少高校在选择课堂教学评价标准的过程中常常借鉴或照抄、照搬国外高校的经验。这种教学标准的产生缺乏理论研究和实践验证看似权威，实际上可能存在与本校教学评价不符的情况。

第二，照搬理论。有一些高校为了创新，通常在教学评价方面单纯为了创新而创新，很多教学评价标准还停留在理论研究阶段，或者刚刚被提出和讨论就直接应用到教学评价实践中去。另外中国高校还普遍存在教学评价过程中过多关心理论学习成果的情况，而没有把更多的关注点放在学生的心理与智力等方面的评价，忽略非智力因素的作用，没有考量学生的隐性发展，其主要原因是这一部分内容的评价标准不好确定，因此直接被忽视。

第三，标准单一。目前，我国高校课堂教学质量评价标准还存在评价标准单一的问题。很多高校的评价标准都采用的是“经验加协商”和不严格的专家咨询方法，教学质量评价标准的选用大多未采用严格的科学程序。很多高校为追求操作方便、规范一致，各种课程用同一套教学评价标准，合理性不足。

第四，忽视以人为本。开展教学评价应该是面向整个教学活动的评价。在教学活动中，很多高校往往只看重教学活动开展的结果，而忽视教师与学生在教学活动中的发展与进步。

调查发现，当前我国很多高校在选用课堂教学质量评价标准时，往往将人的因素屏蔽，仅利用几个可以看得见的数量指标完成教学考评。以教师和学生的互动这一评价为例，有的高校评价主体竟然简单地认为教师提了问题、学生回答了问题就是课堂互动，这无疑曲解了师生互动的内涵。这种以表面取代本质、以浅显取代深刻的课堂教学质量评价最终必将导致问题被忽视，不利于课堂教学质量的真正提高。

第五，目标不明确。目前，无论是在学院层面还是在督导层面，对于教学质量的监控与评价工作都存在工作规划不细致的问题。大多数高校仍然采用普通高校的管理模式，只注重日常教学中听课、评课、学生测评等方面的常规管理，尚未形成适合高等院校自身特点的教学质量监控与评价模式。这种现象导致了教学质量管理不够规范化和细致化，监控力度也不够强，创新意识也不足。因此，在实际运作过程中，教育质量监控与评价往往流于形式，并且人才培养目标也不明确。为了解决这一问题，我们需要建立符合高等院校特点和需求的教育质量监控与评价体系。这个体系应该包括具体而详尽的工作规划和操作指南，并且要注重提升监控力度和加强创新意识。同时，在实施过程中还需要注意灵活性和可持续性，并且要结合实际情况进行调整和改进。在高等教育领域，教育质量监控与评价是非常重要的一项工作。只有建立科学、规范、细致的体系，并且不断加强创新意识和灵活性，才能够更好地实现人才培养目标并提升整个高等教育的水平。

（2）课堂教学质量评价方法问题

现如今高校对于课堂教学质量的评价指标在制定方面还有待完善，主要存在下述五个问题。

第一，重量化、轻质化的问题。

我国教学评价的理论研究和实践开展与国外学校教学评价相比均较晚，因此在教学评价方法上，很多教学评价方法都是从国外借鉴进来的，对于国外教学评价方法方面的研究，以爱德华·李·桑代克（Edward Lee Thorndike）为代表的“第一代评价”认为测量即评价，这是教育领域中一个广为流传的观念。在以拉尔夫·泰勒（Ralph W. Tyler）为代表的“第二代评价”中，重点关注的是教育目标是否达成，因此对于学生的学习成果进行科学化、量化的测量显得尤为重要。而在以本杰明·布卢姆（Benjamin Bloom）、斯塔弗尔比姆（Stufflebeam,

D.L.）等为代表的“第三代评价”中，则更加注重对学生能力和素质方面进行判断和评估。可以看出，在国外教学评价方法中，科学化、量化的方法被广泛应用并受到高度重视。

新时期，随着高校教育教学改革的不断深入，科学的课堂教学质量评价应该是定量评价与定性评价的有机结合，究其原因，在就是“育人”的过程中，学生的心理、智力、社会性发展等方面的教学评价很难用量化的手段进行评判，这时就需要进行定性评价。在科学的教学评价过程中，评价者应认真分析定性方法和定量方法的优劣，取长补短，以提高评价的准确性。

第二，学科针对性差的问题。

指标过于追求同一性，为了使指标能够量化导致指标没有遵照定性定量原则，缺乏科学性。而设定统一的评价指标又缺乏对不同学科的不同教学特点进行有针对性的评价，使得评价结果缺乏公平性，不够客观。

第三，评价表针对性差的问题。

在进行教学评价活动中，学生同专家使用相同的评价表，这会导致学生与专家的评价结果产生差异。学生与专家的立场不同，因此对于课堂评价的侧重点也不同，用同一张评价表会导致双方难以公平、客观地对教师的教学活动进行评价。

第四，评价之后信息反馈机制缺乏。

对于课堂质量的评价更加注重对教师的管理，而忽视了对教师自身能力的提高，评价结束后缺乏有效的信息反馈制度，因此教师难以通过评价结果找出自身的教学问题加以改进。现如今，知识的力量越来越为人们所重视，因此教师作为一种社会资源自然会在未来产生激烈的竞争，高校缺乏公平的评价指标设定与评价方法，会导致年轻教师的潜力难以发挥、无法挽留有发展的优秀教师，使高校的教学质量与整体发展受到消极影响。

第五，重他评、轻自评。

中国高校当前运用的评价方法往往是他评和自评的有机结合，这其中他评占据主要地位，并且最终得到的评价结果并不让人非常满意。其主要表现在管理人员觉得整个评价过程烦琐复杂，得到的评价结果存在很大争议，费力不讨好；评价结果与教师的各种利益挂钩容易引起争议；评价难以在真正意义上促进课堂教学的发展。探索课堂教学评价方法，走出评价困境，教师应充分认识到以下三点。

其一，要高度重视课堂教学评价的开展，并且要将其当作学术评价，而不是将两者分离。

其二，高度关注多元评价主体结合，尤其是要重视教师的自主评价，因为评价最后会落实到教师身上。

其三，注重淡化评价的评定功能及鉴别功能，当然也需要淡化奖惩色彩，创造良好的环境与条件，让教师深刻意识到开展教学评价是达成自我实现目标的实际需求。

客观来讲，无论是他评还是自评，各种评价方式都有其优势和不足（如表 2–2–6 所示），以针对教师的“教”的评价为例。要做到科学化的教学评价，就必须综合运用多种评价方法，从多个层面、多个主体作出评价，这样的教学评价才能做到最大限度的全面与客观。

表 2–2–6　不同教学评价的优缺点

评价主体	优点	缺点
学生评价	①学生全程参与课堂教学过程，对教师的教学有着最全面与客观的感知； ②大学生有着独立、准确的判断力； ③引导学生评价教学活动，可以增进师生间的交流与互动； ④学生具备敢说真话的特征	①学生没有参与评价标准的制定，难免认识不足，评价随意； ②教师会因害怕评价对其不利而纵容或降低对学生的严格要求； ③学生评价缺乏专业评价视角和理性评价思维； ④学生看问题容易片面、偏激
教师同行评价	熟悉教学生态，能够为被评教师的自我发展提供有用的建议	评价结果容易受到教师间亲属竞争等关系因素干扰，特别容易出现矛盾冲突问题
专家、督导评价	专家的学识丰富，也有很多的教学管理经验，可以得到更加客观的评价结果	①信息来源相对少，次数有限，势必影响评价结果，使其不够准确、全面； ②高校学科专业化程度高，难判以断教学是否反映学科发展的最新变化、教学形式是否合理等
领导评价	了解授课教师的基本情况，熟悉课堂教学评价标准	①只凭一两次听课经验就作出评价，评价多具有主观性； ②多从管理角度出发评价难以公允、客观
教师自评	教师对自己整个教学过程的感受是最真实的	①难免出现“当局者迷”的问题； ②评价易受主观因素的影响

4. 课程考试改革问题

（1）对考试改革认识不到位。传统的教学质量观把学生的考试成绩作为衡量教学质量的唯一标准，把关注点放在理论知识的教授方面，忽略能力提高方面。

詹姆斯·麦肯锡（James O. Mckinsey）在研究报告中指出，每年我国大学毕业生有数百万人，而在这个庞大的群体当中，可以胜任外企工作的学生只占毕业生总数的十分之一左右。该研究报告指出，我国的高校教育与行业需求的联系不够紧密，中国许多高校采用偏重理论、依赖书本教材和导师传授的教学模式。以工程类学生为例，他们很少有参加项目实践和团队合作的机会，缺乏应用技能，英语水平较低。

当然，对于当前我国高校考试的认识来看，大多数教学工作者都能认识到考试的鉴别功能。考试是评估和鉴别学生知识能力是否达到规定水平的重要手段。然而，目前我们没有正确运用定性与定量的科学方法来培养学生的基本素质，也没有科学分析形成考试结果的内在因素，使得考试行为缺少了鉴别功能，偏离了考试目标。只有重视和加强学生内在素质和创新能力的培养，并坚持以人为本的考试理念，才能培养出国家所需的专门人才。另外，很多教学工作者对考试的鉴别功能的认识仅仅局限在针对学生的学习鉴别方面，并没有对考试、对教师的教学、对整个学校的学科教学中一些问题的反映进行深度的思考。

在考试改革方面，很多教育教学工作者认为，在高校课程考试中出现的各种问题的应对与解决是学校教务管理部门的事。基于这种认识，高校广大教师和教学管理人员对学校考试的问题研究较少也缺少相应的反馈，致使考试体制、模式、组织等的很多问题一直被搁置。

当前，高校重视培养多方面发展的全面性人才，从考试改革的角度出发促进人才培养。虽然其他教学环节也很重要，但是考试具有不可替代的多种功能，在人才培养过程中发挥着至关重要的作用。高校作为人才培养基地，在利用好考试这一教学管理环节方面必须下更多功夫。

改革不仅需要形式上的变化，更需要观念上的转变。我们应该充分发挥考试的多元功能，并采取以下措施：第一，树立科学合理、全面有效、各项功能协调统一等特点的良好考试观；第二，在宣传和教育方面营造良好的创新氛围；第三，在推进改革的过程中，要把考试作为一门科学认真对待；第四，在推进改革的同时，努力实现教育创新，促进学生综合素质和创新能力的提高；第五，建立全新的考试管理理念，并以现代考试理论支撑教育考试工作。只有这样才能更好地培养出符合国家需求的专业人才。

(2) 对考试目的认识不全面。对于教学管理来说，考试无疑是尤为关键的环节。它不仅具有评定、区分、预测和诊断等多元功能，还能够提供教学反馈和激励导向等方面的帮助。然而，在实际的教学管理中，很多考试功能却被忽视了。目前，许多高校管理者更加注重课程考试的评定和反馈功能，忽略了其他与其同样重要的功能。这种现象需要引起高度关注，并且应该采取措施来改善这种状况，因为只有充分发挥各项考试功能才能真正提高教育质量和促进学生全面发展，具体现象如下。

第一，考试看重分值判断，分值又经常与奖学金评定、评优、入党、保研、授予学位及就业等方面捆绑，使考试成为获利的工具。

第二，将得到的考试分数当作硬性指标，忽略学生道德素养，身心素质，创新力，思维能力等诸多层面上的评价，会造成学生“高分低能”问题的出现。

第三，重视学期末的一次性评价。一纸试卷定成败，教师为考试而教学、学生为考试而学习，期末的一次性评价过分夸大了考试的评价功能。

第四，很多教师只是统计分数、登记成绩、计算及格率和平均分，缺乏对学生的系统分析及全面评价，学生只得到一个分数，不知道哪些方面还需要提高。

应让学生积极应对考试，而不是抗拒考试，考试内容应能调动学生的自主学习热情和探索、创新的兴趣，因此，必须结合学科、专业与课程特点丰富、创新教学内容，具体要求如下。

第一，考试的内容、题型和答案应该具有发散性、求异性和新颖性。这样可以激发学生的思维能力和创造力，让他们在考试中展现自己独特的见解和想法。

第二，考试的内容要尽量具有挑战性和竞争性。这样可以激励学生更加认真地备考，并且在比赛中不断提高自己的水平。

第三，课程考试命题必须根据教学大纲制定，在分量、覆盖度、难度区分度等方面提出要求，只有这样才能确保考试的高效度和可信度。

第四，注重学生能力的考查，试题不应是课程教学内容的简单重复，应做到强调基础、拓宽领域，重在运用、贵在创新。

第五，试题内容应该给学生留下一定的选择余地，以便他们充分发挥自己的潜力和智能，同时也可以避免因为单一标准而导致评价结果不公平或者失去多元化。

第六，在设计科学合理的考试时，需要引导学生积极努力地实现目标。对于教育管理者来说，必须认识到课程考试所追求的目标：直接目标是提高教育质量服务；间接目标是培养学生应变能力；终极目标是全面提高学生的素质。要努力建立与创新人才培养相适应的考试模式，建立以培养全面发展的人才为最高目标的科学考试体系。

（3）考试的形式与内容单一。从目前情况看，我国高校大部分学科考试的形式非常单一，用期末考试一锤定音，忽略学生的日常成绩的评价。

部分学科和课程采用的是闭卷考试方法，没有考查学生的实践能力，也无法借此剖析学生分析与解决问题的能力。另外在评价学生成绩的过程中，重点凭借的是卷面分而忽略对学生学习全程的综合考量，也是因为单一化考试导致学生的个性进步与能力层次提升受到约束。

此外，在我国高校课程教学中还存在一个严重的问题，就是考试内容片面，考试命题陈旧。在卷面问题设计上，命题形式和题型设计始终跳不出传统的考试模式，如填空、判断、选择、解释、问答、叙述、分析论述等。另外，针对不同学科、不同专业、不同课程，考试形式也应有所不同，即使都采取卷面考试，在命题形式和题型设计、答题要求上也应有所区别，而不是一张卷面稍加变化的试卷就能应付所有专业的所有课程考试。

正如上面所提到的，考试作为一种对“教”与“学”效果的评价手段，应尽可能体现其全面、客观、准确的特点。不同的考试方式可考查学生的不同素质，教师应结合课程特点，综合运用多种考试方式，全面地反映学生的素质水平。其具体要求如下。

第一，改变过于注重期末的闭卷考试。加强平时的考核，使成绩构成多元化，建立科学的成绩评价体系和方式。

第二，我们应该从深入、切实地考查学生的知识、能力和素质出发，选择合理、科学和多样化的考试方式。这些方式可以包括闭卷考试、开卷考试、笔试、成果展示考试、口试撰写小论文或案例分析报告及实验现场考核等。

第三，在现有终结性考核的基础上，我们还应该将形成性考核与终结性考核相结合，从多个方面对学生进行全面的评估，并分阶段进行。

第四，在改革考试管理模式的基础上，我们需要加强对各专业特点的针对性改革，并丰富不同形式的考试内容和方式。

（4）学生考试作弊行为屡禁不止。高校考试的“唯分数论英雄”，使得很多大学生为了考试及格、入党、评优、评奖学金、保研、就业等，不惜铤而走险作弊，导致教育公平受到严重破坏。

想要发挥人才的积极作用，激发其创新力，就必须把信任作为有效条件。大量的实践活动表明，只有在师生与管理者在情感行为认知等层面达成一致、建立和谐关系的情况下，才可以最大化地发挥管理的教育价值。

营造和谐考试环境是优化考试、促进考试公平的重要基础，具体应做到以下四点：第一，高校课程考试管理应该秉持以学生为中心的管理思想；第二，做好统筹规划，尊重个体差异，突出个性，发挥不同人群的优势；第三，倡导生动、活泼、民主、团结的学术氛围；第四，鼓励创新与探索，减少人才创新探索的后顾之忧。

（5）补考、缓考管理不严格。在高校补考管理中，存在考试标准降低、考试给人情分的现象。大学生正常考试未通过，缴纳一定补考费用即可补考，补考难度相对较小，评分也不够严格，会给予一定的人情分，甚至可以说，只要补考都是可以通过的。补考的考试难度与标准相较于正常的考试有所降低，评分也不如正常考试严格，给人情分，随意现象较多，几乎人人补考都能通过，因此导致很多学生不再害怕考试不及格，不及格后进行补考就能通过，以致学生学习态度不认真、不严肃。

高校课程考试改革必须严肃考试纪律，加强大学生的诚信教育，增强大学生的内在修养，从源头上杜绝考试作弊的现象。

首先，高校应该提高校园文化生活的丰富性，积极宣传诚信思想，构建诚信校园环境，做好学生的心理教育工作，帮助学生建立正确的价值观念。

其次，高校需要积极构建公正透明的诚信管理制度，把学生评优与就业推荐等整合起来，提高学生的诚信自觉性，避免考试作弊问题。

第三章　高等院校教学质量监控与评价体系构建

本章主要从教学质量监控的目标体系建立、教学质量监控的组织体系建立、教学质量监控的制度体系建立、教学质量监控的运行体系建立四个方面介绍了高等院校教学质量监控与评价体系构建的相关内容。

第一节　教学质量监控的目标体系建立

目标体系包括学校的定位、办学目标和人才培养目标。在确立目标时，要充分认识到学校自身的特性和实际情况，通过认真的调研、周密的思考、科学的论证，摆正位置，明确方向，确立切实可行的教育教学目标。

一些学者认为，我国高校存在许多问题，其中最突出的一个就是缺乏真正以学生为中心的培养模式。这种现象导致了人才培养目标与实际需求不符合，同时也使得教育教学活动效率低下。在某些高校中，他们所设定的定位、人才培养目标以及专业和课程内容都与现实条件及需要相脱节或相游离，并没有真正以学生为高校的工作核心，反而逐渐演变成了为提高学术水平服务、为升格晋级服务的办学目标。

教学质量监控与评价的最终目的是不断改进和提高学校人才培养的质量，人才培养目标的实现贯穿于学校教育的全过程，涉及人才培养模式、培养过程、培养质量等教学质量管理的各层次和各方面。因此，质量监控与评价工作也要根据人才培养的总目标和相关因素组成的基础目标的相互关系，对人才培养目标进行分解，形成上下贯通、左右关联、相互协调的学院（校）教学质量监控评价的目标体系。监控因素应该包括课程标准的落实、师资的配备、实验实训条件的建设、课堂教学质量、实验实训质量、教学内容和手段的改革、考试内容和方式的改革、课程合格率、优秀率、各项竞赛获奖率、学生创新能力培养、教学内容与人才培养目标的符合度、教学实施的目标与效果等方面。

目标决定了行动的进行，同时也影响了行动的方向。如果没有明确的目标，那么行动就会出现误差，继而会导致一系列问题的出现。所以，不论是进行任何活动，都要事先制定相应的行动目标。

一、目标对教学质量的影响

当代教育研究及心理研究发现：确立正确的教学目标对于学生个人的成长及学习都有着重要的作用，影响着学生的未来发展。一旦确定了正确的教学目标，那么学生就会自然而然地向着目标努力奋斗。有相关理论认为，目标所带来的影响主要有以下三个方面。第一，目标具备相应的引导能力。准确地说，它就是为了时刻提醒个体注意目标的导向，明确自身的行为是符合目标方向的。另外，在引导个体向目标前进的同时，为个体清除与目标不相干的活动。第二，目标具备相应的吸引力。一般来说，目标设立得越大，其对个人所造成的吸引力就越大，这样一来，个体就会付出更多的努力来实现目标。第三，目标能够影响参与者的持久性。正确且具备实现意义的目标能够为参与者提供长久的动力，促使参与者能够坚持到目标完成。

学校的教学实践活动也从两个不同的角度对目标的定义进行了补充：教学目标就是整个教学活动的灵魂，为了保证从学校走出的学生都能够满足企业制定的人才标准，那么就一定要设立正确且符合整体规划的教学目标，只有这样，教学活动才能够顺利进行，所培养的人才才能够被大众所认可；若是仅仅通过理论考核的方式确定人才的培养方式，那么最后培养出来的人才很可能无法适应社会的环境，达不到企业的用人标准，从而导致学生就业出现一系列困难。

最近几年，各大高校都相继开始进行教学评估活动。在整体评估以后，往往会出现这样的情况，即某些高校的教学目标与自身的教学水平不符，又或者是高校在制定教学目标的时候总有一定的缺陷，其中最主要的表现为：第一，教学目标死板、僵硬，不懂得与时俱进。教学目标与社会需求不符就使得教学的整体目标缺少与现实接轨的条件，从而导致所培养出来的学生无法成为企业所需要的人才；同时，他们对于未来的工作也没有与之相匹配的计划。这样的方式影响了学生的未来发展。第二，教学目标过于单一。教学目标的单一化导致学校在培养人才的同时，忽略了学生的身体素质、心理健康及创业合作理念，甚至在就业、创业方面的能力也几乎没有任何的提高。第三，教学目标和教学能力从一定程度上背离了社会标准，甚至有些教学目标让学生无法接受。第四，教学目标无法脱离应试教育的束缚。在应试教育的影响下，教学目标以及教学活动完全围绕着应试教育进行。这就导致学生在学习的时候感到枯燥、乏味。如此一来，教学目标就失去了应有的作用。这样的情况也导致学生的学习热情极大地被削减，并且对于学生的未来发展极为不利，与之相应地，学校教育也会陷入恶性循环。

二、建立科学的合作目标体系

应当使教学的目标符合科学发展规划，并且让教学目标能够实现相应的价值，这就需要教学工作者做好相应的工作。

第一，按照不同的需求制定符合科学规划的发展目标。教育就是为了能够培养更多的人才，并且使他们变成为企业所需要的专业人才，这也是高等教育的初衷。所以，只有满足社会发展的需要，符合学生自身的发展理念及家庭对于学生的期望，这样的教学目标才是教学管理活动当中的重要环节。只有同时满足社会及家庭的共同期望，才能够使教学目标具备明确的价值。一般来说，高等院校在进行教学目标规划以前，应当明确企业的用人标准，通过详细地分析、总结，了解地区的经济技术情况；再通过与全国其他行业经济技术标准的对比，从中找出未来人才培养的方向；通过深入的讨论，明确教学目标，制订人才培养计划；通过准确地设定专业人才的能力要求及发展规划，为学生设定符合社会标准的目标，从而培养更多能够服务于社会的优质人才。当然，这也需要学校与企业进行通力合作，学校与企业沟通后，意见达成一致，这样也能够促进双方的进一步了解。

第二，通过设立正确的人才培养目标，从而规划合理的教学目标。在明确了企业的用人标准以后，应当了解不同职业的能力形成过程及影响能力形成的原因。通过深入了解不同的知识概念及专业能力范围等与之相关的专业实际情况，并将其作为目标制定的依据，而后通过与企业全方位的沟通、交流，研究企业的用人标准，以便进行教学内容的整体规划、布置，方便教学人员制定相应的教学目标。

第三，从整体教学质量的管理分析，教学目标是一个大的框架，其中包含着通过整体教学目标的逐一分解而最终形成的课程目标、阶段学习目标及课时目标三个不同目标。在确定教学目标时，应当时刻关注教学目标的层次性，注意各个教学层次之间的关联性。准确地说，一个一级教学目标可以分为多个二级教学目标，而多个二级教学目标也可以统称为一级教学目标。一级目标与二级目标之间相互影响：一级目标影响着二级目标的方向，而二级目标则影响着一级目标的完成，因此，两者之间有着密切的联系。这时，教学人员就要针对教学目标进行细致的规划，通过准确的定义，使其成为完善的教学目标。

第四，从侧面来看，教学目标具有多维度的特性，其中不仅包括知识、技能思想和情感，更包含职业规划及创业发展等多项内容。其中教学目标的多维度特性也使得学校在教学的时候还要兼顾人才培养的可持续性和多样性，这就需要学校所培养的人才具备相应的任职标准，同时还要符合人才、企业的职业规划，更有甚者还需要学校能够培养出来再就业、创业的人才。这样多元化且多维度的教学目标成为组成整体教学目标的关键。由此可见，这样的教学规划目标是符合科学发展规划且符合可持续发展规律的。这样的教学目标的制定能够同企业保持紧密合作，通过双方的高效配合、协同合作，从而创建高校与企业间强强联手的教学重要标准，为教学质量的提升带来了巨大的帮助。

众所周知，高校的教学质量监控体系既是教学质量的重要监督者，又是高校教学质量建设的重要保障。所有的教学工作质量检查报告及教学评估都需要根据高校的教学监督体系确定评判的标准。教学质量监控体系工作时，首先应选择一个明确的、科学的发展目标，并将其进行逐一分解，变成以下三种二级的目标，即教学投入分目标、教学保障分目标及教学质量分目标，如图 3–1–1 所示。

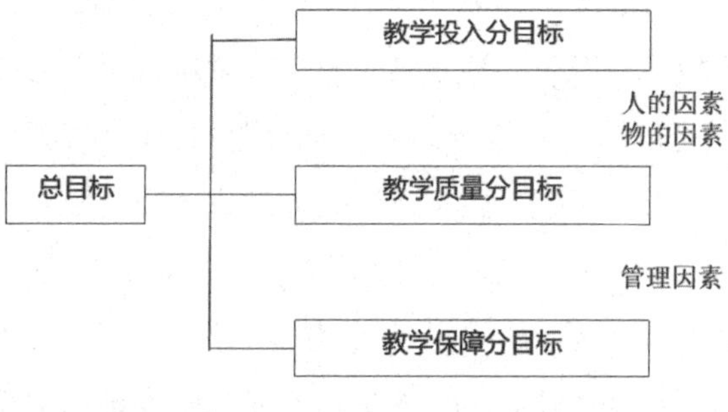

图 3–1–1　教学质量内部监控目标体系

三、教学质量内部监控总目标

高校教学质量管理监控系统的总体目标决定了高校教学质量监控活动的整体方向，它起到了至关重要的带头作用，同时也决定了高校的人才培养计划的方向。除此之外，高校的教学质量管理监控系统还受到高校成员的青睐。这样的监控管理系统不仅帮助高校全体成员明确发展目标，还为每一位高校成员确立了未来工作的方向，使得高校的教学质量得到前所未有的提高，这对于高校的教学质量来说是极大的保障。

为了能够使高校教学质量监督管理更加高效，首先必须要全面建设高校教学质量管理的目标。通过教学质量管理目标的建立，准确分析教学管理的总体目标与其他子目标之间的联系，使教学质量监控的目标体系更加明确。在这样明确的目标下工作，必然会极大地提升高校的教学质量，并且顺利完成每一个教学目标。

四、教学投入分目标

一般来说，高校的教学重点大致包括两方面内容：人物与物质。人物因素所涉及的是教育教学活动的参与人员，如管理者、师生。物质因素重点是高校进行教学活动时所要准备的教学物资资料，这也是教学活动所必备的条件。其中，教师、图书馆、宿舍和食堂等场所及所需要的物资都属于物质因素。实现教学投入目标的重点是人与物质，一般来说，满足教学投入的因素主要有师资力量达到标准、师生比例达到标准及学生数量达到标准等。当然，因为高校教育是比较特殊的，受到人、物因素的影响，在教学投入方面主要包含“双师型”教师标准；至于物质因素，则明确地规定了实践基地的相关规则。当然，鉴于教学输入占据了整体教学环境的绝大部分，所以在对教学因素进行分析时，应当重点分析教学输入环节的影响因素。特别是在教学经费充足的情况下，应当正确处理这些影响教学的因素，尽量做到教学与实践相结合，从而使教学投入能够达到相应的标准。

五、教学质量分目标

在教学质量监控的整个体系当中，对于教学质量的定义是至关重要的。一般来说，教学质量这一目标重点是指高校在进行教育教学阶段所能够达到的预期教学水平。其中教学质量的重要含义及重要作用大致表现在以下几个方面。

首先，教学质量成为教学参与者了解学校并对学校予以评价的重要指标。其中，教学参与者包括学生、教师、教育管理者等，而教育质量能否达标也是诸多教育参与者最关心的问题。

其次，教学质量考核不仅仅是对教学方面的多重考核，更重要的还是为日后的教育教学工作提供了发展方向。

另外，教学质量目标的制定从另一方面也大大加强了高校教育教学人员的工作积极性，使教育工作者能够以更加饱满的状态投入教育工作当中。当然，在制定相应的教学质量目标时，一定要分析教学目标的设立是否合理，能否顺利进行，因此，教育目标一定要有一定的预见性。一般来说，教学质量目标包括相应的教育考核标准及相应的评价标准，这一点可以从以下四个不同的角度进行分析：一是教学质量的特殊性。通常教学质量主要包括界定学校教师队伍的质量、学生的个人素养及课堂教学方面的要求。当然，对于高校来说，最重要的往往是教学实践与所培养的人才对于企业的价值及社会对于教育人才的定义等。二是通过与其他高校进行教学质量的对比，了解更多高校的教学质量。三是对教学质量的改革，而这一系列改革也从侧面证明了高校教学质量进步重点在于质量的改革。四是教学质量目标具有时效性，并且教学质量往往会与时间相互关联。

六、教学保障分目标

在各大高校的教育管理监督体系当中，教学保障具体指的是在进行教学时，针对不同的教学环节所进行的与之相匹配的调查、考核，并且全面创建教学保障的关键在于选择合适的切入点进行教育教学的相关评价。总而言之，在评价教学质量时应当考虑学生学习的标准切入点，这当中所涉及的作业完成率、考试通过率及课堂出勤率等相关情况都需要逐一进行考虑、分析。至于对教师教学质量的研究主要集中在听课、授课及评课的阶段，当然，也可能会出现在毕业论文指导及课题修改等方面。

除此之外，还有一项特殊的切入点，这一切入点重点体现在课程评价及专业评价方面。一方面它们作为保障教育教学的重要指标是不可或缺的，另一方面它们还是高校质量手册中的重点内容，在对高校的优质教育及教育宣传方面起到了不可忽视的作用。根据对以上目标的分析，发现它们之间是相互关联、相互融合的。在整个教学质量监控体系中，教学投入、教学质量和教学保证是相互依存且相互制约的。通过前文的分析，我们可以看出，教学投入主要包括个人因素和物质因素两方面，而教学保障则涉及管理因素。值得注意的是，管理因素能够将个体因素与物质因素有机结合起来，使其在教学质量监控活动中共同发挥作用。另外，以上三种不同类型的因素共同作用于教学活动，也使得教学质量能够得到稳步提升。

因此，每个分目标的达成会促进其他分目标的实现。高等院校在构建教学质量内部监控目标体系时，需要考虑学校的自身特点和实际情况。为了制定更加具体、清晰的目标，可以借鉴管理学中 SMART 目标管理原则。这一原则有助于确立可衡量、可实现、真实可行且设定了时限的目标。

具体而言，“S”代表“Specific”，即要确保目标是相对具体的，而不是笼统的；“M”代表“Measurable”，即要确保目标是可以衡量的，并且评价所需的信息或数据是容易获取的；“A”代表“Attainable”，即要确保设定的目标既不过高也不过低，以便能够实现；“R”代表“Relevant”，即要确保设定的目标是与工作的其他目标相关联的；最后，“T”代表“Time-based”，即要设定一个明确的时间限制以达成该目标。

第二节　教学质量监控的组织体系建立

学院教学质量监控的组织体系由学院（校）、系（院、部）、教学研究室（以下简称“研究室”或“教研室”，三个层次构成三级监控组织，根据管理的职能，在不同的层面上实施质量监控。部分院校设有“学生教学信息中心”时，其组织体系可分为四个层次。同时应该注意，教师团队和学生团队根据质量管理标准当中的“全员参与”标准，往往将两者纳入其中。以上两种团队并没有相应的组织或固定的人员，不过在进行教学质量监控的整个体系当中却有着不可被忽视的作用。

一、常规的教学质量内部监控组织

第一层次（第一级）是学院（校）教学质量监控评价管理机构，主要包括目前高等院校中普遍存在的分管教学工作的副院（校）长、教务（导）处等校级教学质量监控机构及学院（校）教学指导处（督导委员会）等学院（系）教学质量监控机构及教学部（或教研室）等相关机构。第一层次在整个教学质量监控评价工作中起着主导作用。教务（导）处在分管副院（校）长的领导下对全院（校）教学工作进行组织和调度，开展常规的检查活动；教学督导处（督导委员会）负责全院（校）教学质量的监控与评价。

二、教学质量督导团队

第二层次（第二级）是系（院、部），包括系、部主任（院长）、分管副主任（副院长），其职能部门为教务科、督导组。系（院、部）是实施教学及管理的实体，在教学质量监控与评价工作中起着承上启下、非常重要的主体作用，发挥着“支点”的作用。

对比一些常规的教学质量监督团队，这样的教学督导团队可以说是一个具备一定特色且有着一定针对性的教学质量监控团队。而且，其还是一个相对独立的组织，在进行教学质量管理及教学质量监控活动时，能够独立进行，往往并不依赖组织教学方面的活动。正如前文所提到的，教学质量督导团队主要负责教学质量监控的主要责任，秉持着教学服务理念及教学管理宗旨，以不断提升教学质量为主要目标，并且在整个教学质量监控活动当中有着重要的意义。因此，人们称其为有针对性的教学管理监督团队。另外，教学质量管理监督团队主要由相关领域的专家、教授组成，他们是各个专业领域的优秀人才，秉着无私奉献、公平公正、高质高效的工作理念，从事教学质量管理监督工作，其中他们的主要职责有以下三个方面。

第一，对于教学信息进行相应的反馈并制定相应的研究策略。一般来说，教学质量监督团队在对高校教学工作进行相关调查时，会针对教学工作当中存在的问题进行收集、整理，并且将整理后的信息上报给相关部门，而后相关部门再与高校教师团队进行沟通，确保人才培养体系能够进一步完善，并且教师团队的建设工作也能够正常进行。

第二，监督并且引导。教学质量监督管理团队通过参与课程宣讲及教学实践等相关活动对教师及学生进行全面的了解，而后通过沟通、协调，找出最符合科学规划的教学活动。

第三，针对问题提出相应的建设性意见并基于教学成果进行一定的评价。教学质量监督管理团队通过对教师教学成果的考核从而给出相应的评价结果，进而使教学活动能够有序进行。

三、研究室

第三层次（第三级）是研究室。研究室是教学安排、教学运行、教学研究和教学过程监控的基本单位，位于最基层，是教学质量实施、教学质量监控体系运行的基础，也是最直接、最关键的组织。研究室主任是进行教学过程管理的主要执行者。

四、学生教学信息中心

学生教学信息中心负责全院（校）各系（院、部）学生有关教学方面的信息收集、汇总、筛选、上报、反馈及相关工作的调研、处理，负责对各系（院、部）学生信息员（教学信息员）的工作进行管理和指导。各系（院、部）教务科或督导组负责落实各自的学生教学信息工作。

五、教师组织

众所周知，在整个教学活动当中，教师的角色是至关重要的，并且能够决定整个教学活动的方向。另外，教师也是影响教学质量的重要因素。由此可见，教师团队在整个教学质量监督管理团队当中有着不可比拟的重要作用。教师团队的管理重点在于对学生的学习质量的监督，教师监督的活动大致包括以下两个方面。

一是教师之间相互研讨，根据具体情况进行分析，发表自己的意见，而后通过与其他教师讨论的方式，找出教学当中存在的问题，根据不同教师的意见进行教学质量的改进，从而保证学生能够更好地学习，提升自身的学习质量。

二是教师通过教学规范确定自身的教学行为方式，严格按照教书育人的标准进行相应的教学工作，通过了解学生的学习状况，并且与其他教师及教学管理人员沟通的方式，促进教师教学改革。教师在分析自身的教学方法并做出相应的改进措施时，还要对学生的学习方式进行实时追踪，有依据地提升学生的学习质量，进而培养出优秀的、实践能力强的人才。

六、学生组织

在教学活动当中，学生不仅仅是教学活动的被管理者，同时也是教学活动的重要参与者。就眼下高校的教师质量管理监督活动来看，学生团队往往包括学生会及各个社团、班级组织。而学生团队的教学监督管理活动主要表现在对教师进行教学方式评价及教学内容评价等，除此之外，还可以根据教师的教学方式提出合理的改进意见；当然，还可以在管理活动当中发表自己对于课程、学习内容及教材方面的意见，从而帮助教学管理监督团队更好地了解教学质量方面的问题，以便于进一步改进计划。

学生对教学、教师的评价活动不仅可以加大教师投入教学改革的热情，同时也能够加强教师对于教学活动的参与程度，还能够使学生积极地参与教学活动。当然，在这里要了解的是，学生对教学质量评价的时候应当注重以下三个方面的问题：首先，树立正确的教师评价理念，学生应当积极地、正确地对待教师教学评价活动，秉持着公平公正的原则进行评价；其次，建立科学的、公平的评价标准；最后，应当正视教师教学评价结果。

七、扁平化监控组织的构建

在创建高校教学质量管理监督团队的时候，应尽量简化组织管理程序，构建简化组织以便于透明化管理。众所周知，组织管理学说当中有两项重要的概念，分别是“跨度管理”“组织层次”。其中，对于跨度管理的定义是一个管理部门与其管辖的下属部门之间的联系；至于组织层次则是指管理团队的不同层次。若是整个管理团队的规模相对稳定，那么管理活动的跨度就会增大，而其中的管理层次就会越少，反之亦然。

在高校教学管理监督组织当中，若是管理的跨度比较小，那么相对的管理层次就会大幅度地增加，整体呈树状扩散；当然，若是情况正好相反，管理跨度大，其中的管理层次就会大幅度地减少，整个团队就会呈现扁平化管理的形式。由于管理的层次过多，导致信息的传递需要更长的时间，同时也需要更多的层次，这样经过层层传递的消息最后是否准确，也就未知了。当然，纵使信息是真实的，但是经过一系列流程的传递以后，信息就失去了时效性，最终未必能够符合团队的规划标准。

由于信息的运行效率过低并且极容易失去真实性，从而导致教学质量监控出现了一系列的问题，这样不仅会导致教学质量无法有效提升，更严重的还会使高校的教学质量监督团队无法正常工作。相对来说，扁平化管理更适用于教育管理工作者。首先，在进行消息传递的时候最大限度地避免了信息的失真，保证了信息的时效性，更重要的是，这样的管理方式对于高校教学质量管理的监督活动能够顺利开展有着极大的帮助。所以，高校在建设扁平化管理机制的时候，应当如何进行创建？在此，作者为大家介绍以下两种国外高校的教育质量管理方式，以供教育工作者参考。一是减少管理部门数量与层次。国外不少高校在监督管理教学质量时，取消了一些管理部门，由学校校长直接发布教学改革指令，总体流程就是教师通过收集教学信息，反馈给教学部门，而后教学部门整理信息以后，将信息上传给校长，由校长进行直接审批。二是减少副职岗位。在监督教学质量的过程中，国外不少高校管理部门通常只设置正职，以免带来较大的管理负担。在无法减少管理层次的时候，首先就要减少副职岗位。

第三节 教学质量监控的制度体系建立

高等院校的教学质量内部监控需要建立一套完备的制度体系，以连接、界定和规范目标体系和组织体系。构建这样一个制度体系的重点在于编制一份全面而完善的教学质量内部监控文件。这份文件作为各个部门开展教学质量内部监控活动时的标尺，其作用十分突出。

借鉴全面质量管理理论和 ISO9000 标准，高等院校可以将教学质量内部监控体系文件划分为五个层次：一是教学质量方针；二是教学质量手册；三是教学程序文件；四是教学作业文件；五是关于教学过程中产生的各种记录。通过建立这样一个完整且系统化的制度体系来实现对高等院校的教育过程的监管与管理。同时，在不断完善该制度体系时也应注意保持其连续性与稳定性，并结合实际情况逐步进行优化与改进，具体如图 3-3-1 所示。

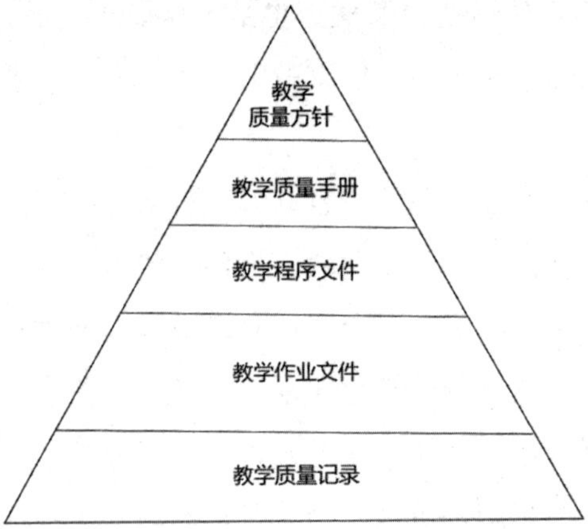

图 3-3-1　教学质量内部监控体系文件

一、教学质量方针

教学质量的发展方向作为高校全体人员的行动目标，是每一个校园工作者必须遵守的规范。一方面，教学质量发展方向展现了高校工作者的管理理念，另一方面则组成了高校发展的总目标。其中，教学质量的发展方向大致包括以下三个方面的内容：首先是质量为主。这一理念不仅表现了高校对于教学质量的重视及针对教学质量进行监督的态度。除此之外，对于注重教育质量的相关人员来说，这也是保障高校声誉的重要方式，只有优秀的教学才能够赢得更多的口碑。其次是质量的方向。质量方向重点表现在教学目标的创建方面，创建正确的目标正是质量方向的重要内容。最后则是教学质量与高校教学总目标的关系。教学质量作为高校发展总目标的基础，其作用不容小觑。

高校在制订教学质量方案的时候，应当将高校的发展总目标与教学质量发展协同进行，通过全面考虑高校的发展目标及发展需要，使高校向着更好的方向发展。教学质量的发展为高校的教学质量改革提供了正确的发展方向，准确地说，它不单单是高校质量工作的基础，同时也是高校质量管理工作对未来最美好的期望，更重要的是，它为高校教学质量监督管理确立了严格的标准，以供人们对其进行定义。

二、教学质量手册

教学质量手册是高等院校教学工作和管理工作的重要指南，同时也是内部监控体系的核心结构。它展示了高等院校教学质量内部监控体系的运行状态，并为开展教学质量内部监控活动及制定其他监控体系文件提供了参考依据。因此，教学质量手册具有基础性的作用。

按照ISO9000标准规定，教学质量手册应该兼具系统性和整合性，以确保顺利开展教学质量内部监控活动。同时，在编写过程中还需与其他标准和规定保持一致，并避免出现矛盾。

高等院校的教学质量手册旨在传达其对于教育品质的方针，明晰各主要程序和要求之间的关系，并提供审核所需的各种文件依据。通过这些努力，可以确保高等院校的教学质量内部监控体系得到有效运转。

三、教学程序文件

教学程序文件是由各种不同途径组成的文件，用于开展教学活动。在高等院校教学质量内部监控活动中，它显示了各个环节和各种程序。这些文件主要包括两部分内容：一是“六何分析法”，即为何而做、做什么、由谁来做、何时做、何地做及如何做；二是使用的工具和原材料及教学质量内部监控活动的记录。在教学质量内部监控体系文件中，程序文件承接了教学质量手册，并为作业文件和质量记录的编制提供了重要参考。因此，在编写这些文件时需要注意准确性和完整性，以确保其能够有效地指导和管理教育过程；同时，在实际操作中也需要注重灵活性和可持续性。随着时间推移和环境变化，可能会出现新的问题或需求，需要及时更新并调整相应的程序文件。只有不断优化与改进，才能更好地促进高等院校教育事业的发展。

四、教学作业文件

教学作业文件是高等院校内部监控体系的重要组成部分，其在教学质量手册和教学程序文件中扮演着支持性的角色；同时，它也对这些文件进行了进一步的细化和补充。具体而言，教学作业文件是指针对各部门不同职责和分工而制定的工作要求和准则，主要用于阐明教学过程或活动的具体要求和方法。

为了确保各项教学质量活动责任能够得到明确分配和有效落实，教学作业文件应致力于避免出现职责上的缺口或重叠。因此，在规划、编写、审查及执行过程中都需要进行严格把关。

总体来说，教学作业文件主要包括规则和岗位作业指导书两类。其中规则主要涉及课程设置、考核方式、评价标准等方面；岗位作业指导书则更加注重具体操作流程及相关注意事项等内容。

五、教学质量记录

教学质量记录是对高校已完成教学质量活动进行的记录，用以证明教学质量内部监控体系的有效运行。教学质量记录具有可操作性、可检查性和可见证性等特征。与此同时，教学质量记录包含了大量的客观证据，使高等院校的教学质量内部监控活动具有可追溯性，从而可以有针对性地采取各种预防和纠正措施。另外，该记录还可以为判断学校教学质量活动是否达标提供参考，为高校数据决策与优化改革策略提供依据。

第四节　教学质量监控的运行体系建立

高校教学质量内部监控的运行机制建立在教学质量内部监控组织体系的基础上。这个组织体系是机制运行的重要载体，它包括高校教学质量内部监控目标体系和教学质量内部监控制度体系。通过这些系统化的安排，我们可以使得教学质量内部监控有章可循、有规可依，从而确保整个系统能够顺畅地运转。因此，在建立高校教学质量内部监控机制时，必须注重完善这些组织体系，并且不断优化和改进它们，以适应不断变化的需求和挑战。

一、高校教学质量内部监控运行机制的具体构建

监控，即对人、事进行一定程度的监督、控制，而对于教学质量的监督与控制就逐渐衍生为一个特殊的体系——教学质量监督、教学质量控制体系。当然，在分析讨论的时候，不仅仅有这两个系统，还有一个重要的系统也要一同进行考

虑，即教学质量策划系统。究其原因，主要是在教学质量监督及控制活动当中，如果缺少相应的策划，那么便无法正常进行。以上理论也恰恰与质量管理理论当中的观点不谋而合。当然，教学质量监督、教学质量控制、教学质量策划三者并非是独立存在的，并且彼此之间有着相似之处。

其中，教学质量策划主要由高校的领导人员进行布置，通过高校质量监控及高校质量监督团队共同商议而得出最终结果。在整个监督管理过程当中，教学质量决策与规划团队同教学质量监督团队及教学管理团队协同工作，通过共同努力完成教学质量的评价、考核工作；教学质量控制系统则通常由高校管理人员及高校质量监控团队等相关人员组成，这些人员被高校统称为教学质量管理人员，而他们主要负责高校教学质量的控制及改革工作。

根据全面质量管理理论中的 PDCA 循环模式，高校教学质量内部监控的运行机制可以分为四个关键环节：计划、执行、检查和反馈。在这一体系中，常规教学质量监控组织主要负责计划和执行环节，以确保教学过程的顺利进行；而教学质量督导团则专注于检查和反馈环节，以确保教学质量得到有效的监督与改进。通过 PDCA 循环模式的应用，整个教学质量内部监控体系形成了一个封闭且高效的运行系统。这不仅使常规的教学质量内部监控组织有更多时间开展工作，同时也提高了整个系统的效率与准确性。如图 3-4-1 所示，在这样一个完善的运行机制下，高校能够更好地实现其教育目标，并持续推动其教育事业向前发展。

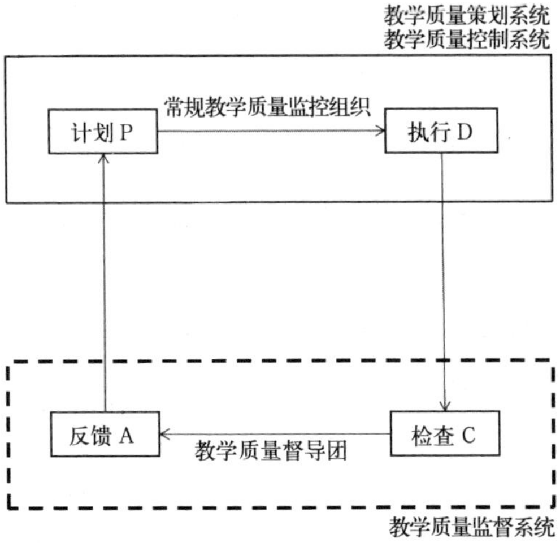

图 3-4-1　教学质量内部监控 PDCA 循环

需要注意的是，在构建这样一个完善的内部监控机制时，并非只考虑了单一方面，相反，在整个过程中充分考虑了诸多因素，包括从输入到输出之间复杂的相互关系、教学质量的不断改进与提高等。只有这样，才能够确保整个教育过程得到有效的监控和管理，并最终实现其教育目标。

二、高校教学质量内部监控体系运行过程中应注意的问题

（一）确定监控面和监控点

高校教学质量内部监控体系的运行需要确定监控面和监控点，以提高系统的运行效率。根据教学活动的三个特殊环节，可确定以下三个控制层面：教学输入、教学过程和教学输出。其中，教学输入监控包括高校理念、专业学科创建、课程布置、监管制度、教师团队、学生质量及物质投入七类监控点；而教学过程监控则涵盖培养规划、教学总体规划、教学理论、教学课程实践、教育模式创新等十个不同的监控点；最后，针对毕业生就业情况反馈、企业评价和社会评价等方面进行的检测，则是教学输出监控范畴内的。

通过明确这些具体细分项，高校可以更加有针对性地开展内部质量管理工作，并在各个环节中发现问题并及时解决。同时，在建立完善的内部质量管理机制之后，还应该注重数据收集与分析，并将其纳入教学质量评估的体系中，以便更好地推动高校教育质量的不断提升。

1. 教学输入监控面

在教学输入监控所涉及的七个监控点中，专业学科创建和教师团队这两个监控点最重要，所以对其进行重点说明。

一是专业学科创建。高校能否组建优秀的教学人才并且培养适用于社会发展的人才，最重要的还是高校专业的选择与创建。第一，在进行专业创建时，高校应当重点根据自身的实力创建符合自身发展的专业。除此之外，社会各用人单位对于用人标准都有不同程度的提升。因此，高校培养出来的人才能否符合社会各企业的需求这就取决于高校的专业配置是否有足够的吸引力，并且高校是否有足够的实力创建热门专业，也是高校需要考虑的问题。第二，高校在进行专业选择与创建时还要考虑专业的类型是否符合当地社会的需求，若是专业不适用于当地

的经济情况，那么专业的创建也就没有实际的价值。这时，高校就需要针对专业的配置进行相应的转型，不论是专业的结构还是专业的发展方向都应当与地区的经济情况相匹配，而后进行转型。由此可见，高校专业的配置必须要确保其能够符合地区的经济发展需求，除此之外，还应当符合地区产业结构的转型标准。对此，高校应当积极调查、收集相关地区的经济发展情况与企业发展情况，保证专业的创建能够与地区的经济发展相匹配。第三，高校对于专业的配置应当采用宽严并重的方式进行招生，确保招揽更多优秀的人才。当然，仅凭这一方式还是远远不够的，可以适当地放宽高校专业的招生口径，拓宽专业所涉及的知识层面，以吸引更多人才。而后，在制定专业教学内容时，应当注意将知识全面贯彻到教学当中。为此，高校专业的配置只有满足社会需求及市场用人需求，才能够培养出来符合企业用人标准的专业人才。当然，还可以将专业的配置灵活化，可以在每个大专业下分设一些较为热门的专业，使整个专业学科具有多元化的特点，从而培养多元化发展的人才。第四，高校应当对于自身实力有充分的了解，只有明确地认知自身的办学实力及教学资源储备量，才能够有依据地进行专业配置。其中选择重点热门专业进行重点配置，若是有足够的实力，可以同时配置其他学科。另外，可以事先对地方经济及地区市场进行分析、预测，从而将专业的配置与市场情况相匹配。

二是教师团队。通常为了全面提升高校的教学质量，首先会选择建设优秀的教师团队，从而完善高校办学方面的不足。从某种程度上来说，高校教学为了能够切实符合高校学生的发展，一定会重视技能实践及技能应用方面的能力。当然，高校教学方面还应当重点培养符合社会发展需求的专业人才，毕竟高校培养人才的最终目的是更好地为社会作出贡献。由此可见，高校教学的两项重要指标都从不同程度影响高校教师的聘用标准，即高校教师应当具备扎实的教学功底及丰富的教学实践经验。这样的教师才是高校所需要的人才，即人们所说的“双师型”教师。所以，对于高校教师团队的建设及管理重点应该集中在以下两个方面：一是高校对于任职教师进行实时跟踪，确保教师能够根据自身的实际情况参与到教学研究工作当中，并且通过外出培训、外出实践等相应措施提升自身的教育水平，从而达到高校聘用教师的考核标准。二是高校同时对兼职教师进行跟踪调查。高校对兼职教师的招聘制度也应当符合高校任职教师的招聘标准，即拥有充足的知识储备，并且有着一定的教学实践经验，不仅有优秀的教学能力，同时还有过硬的职业技能，对于教育行业有十足的热情。只有这样的教师才符合高校的招聘标准。

2. 教学过程监控面

教学过程监控面涵盖十个监控点，此处重点介绍教学课程实践、教学成绩评价、毕业实践这三个监控点。

一是教学课程实践。一般来说，开展教学课程实践并不等同于理论教学的完善和补充环节，相反，却是教学环节当中重要的一环，它决定了能否培养出来高水平、高学历的实践型人才。为此，高校应当创建教学实践、教学培训及教学实习方面的专业条件，从而为更多的学生提供优质的实践学习环境。只有理论与教学相结合，才能够成功完成教育教学任务，并且最终培养出来优秀的、专业的实践型人才。另外，高校还应当根据地区特点，创建符合地区不同需求的专业人才，满足各个企业的多项需求，从而改善高校应届生实习困难的情况。这样不仅能够帮助高校增加教学实践培训基地，同时也能够为企业输送优质的专业人才，还能够提升高校的知名度。在进行实践教学方面的监督时，重点针对实践教学的指标能否符合相应的标准，并且实践教学能否依照相应的要求进行实时监控等方面进行准备工作。另外，还要针对教学标准能否达标及能否达到高校教学活动的基本标准进行重点跟踪，除此以外，对于学生的学习能力及掌握知识的情况也要进行实时跟踪。

二是教学成绩评价。重点考查学生学习成绩是教学中不可缺少的部分，它为教学质量改革提供了重要的依据。因此，它对于高校学生的学习及高校教师的教学方面都有着不容忽视的重要性。至于高校学生成绩方面的监控，重点在于对高校师生的思想方面进行考核，看其是否以正确的观念面对学业考核。至于教职员的考核监控，则重点考核教职员能否通过自身的行动改善教学成绩、完善教学规则，从而保证教学成绩能够达标。另外，对于高校能否综合运用考核、评价及成绩进行跟踪调查，了解高校是否允许高校学生自由选择成绩考核方式，除此之外，还要针对考核能否展现学生的综合能力及实际学习水平进行实时的跟踪与了解。

三是毕业实践。毕业实践是主要依据企业的用人情况及企业工作的实际需求而进行的毕业实践活动，从实际情况来看，毕业实践同就业上岗有着相通之处，两者可以相互结合。至于对毕业实践方面的监控，重点在于就业指导教师能否准确地了解高校学生的就业情况，能否同实践现场的相关人员进行实时沟通并且达成一致意见，从而对于学生进行毕业实践的指导。对于学生实践方面的考核工作，重点在于考核其能否符合高校与企业之间的协商要求，而后通过达成一致意见进行相应的评价。另外，对于学生的毕业实践工作能否提出具有实际意义的指导意见及相应的发展意见，这也是高校必须明确的问题。当然，对于学生评价，还要观察学生能否在工作当中学习，从而不断完善自身；能否做到实践与理论相结合，从而达到学以致用；能否真正具备任职的能力及积累足够的工作经验。以上这些，都是高校需要关注的问题。

3. 教学输出监控面

高校需要对毕业生和用人单位的反馈进行监控，以了解他们的就业情况、岗位稳定性、"学""用"结合程度和归属感等方面的情况。为此，高校应该与毕业生和用人单位保持定期的沟通，并收集他们的反馈信息，同时，还要通过访谈和发放问卷等方式收集用人单位的人才需求信息。

除了毕业生和用人单位的反馈，高校还需要关注社会评价。一方面需要加强与新闻媒体的联系，及时、准确地向社会宣传学校各种信息，并监控信息传递是否到位；另一方面则是需要了解社会对学校教学质量的评价，并将其作为改进教学质量的动力。在此过程中，高校也应该时刻关注社会对学生的认可度这一重要指标是否处于较高水平。

（二）建立完善的信息运行机制

教学质量信息有着非常广泛的来源，因此信息收集与信息反馈也要考虑多个层面，针对重点问题应做到多层面了解。一般而言，高校师生与管理人员是教学质量信息主要来源。当然，除了校园内部的相关人员，还有学校以外的人员，其中包括学生家长、毕业学生及诸多企事业单位等。信息的收集及分析反馈环节在信息运行方面是极为重要的，并且是决定信息能否成为闭环监控的重要依据。能否准确并且实时地解决教学当中出现的问题，不仅需要实时收集信息，同时还要了解信息的反馈情况。通过这样的方式，不仅能够了解教学质量是否有所提升，同时还能够使整个教学组织实现自身的发展目标。

1. 信息的收集

在进行信息收集时，高校一定要同时制定相应的保障制度，可以通过进行准确的工作记录最大限度地保障信息收集不受外界因素的影响。在进行记录工作时，应当准确记录信息收集的内容及方式等。当然，准确地记录信息收集时间，将会帮助信息收集更加高效。高校在确定了信息收集保障制度后，可以通过相应的指标进行下一步的信息收集计划。一般来说，信息收集主要是寻找相应的数据，而数据的收集又往往可以分为以下内容，分别是：教学输入数据的收集，即教师数据、环境数据、学生数据及基础数据等；教学过程数据，包括教学内容数据、教学评价数据及教学实践数据等；教学输出数据，包括毕业、就业及成绩考核相关的数据。

2. 信息的反馈

在信息运行过程当中，除了重要的信息收集，还需要注意信息的反馈情况。其中，要想实现信息控制，首先要进行信息反馈。另外，由于信息反馈与信息收集、信息控制是一个整体，因此我们可以将整个信息控制的过程视作信息的流动环节。在进行高校质量监督管理活动当中，要时刻注意信息的反馈情况，通过全面建设完善的信息反馈机制，保证高校教学质量管理监督部门能够正常工作。在教学质量监督管理工作当中，应当定期召开教学质量监督会议，通过详细地汇报各个阶段的工作重点，方便全体教学质量监督人员共同分析问题，进而找出问题的关键并且提出解决方案，最后根据教学监督的解决方案有针对性地进行下一阶段的工作。其中教学质量管理监督团队可以划分多个小团队，通过积极协同教学人员参与教学活动，保证团队成员能够充分了解教学工作的实际情况，而后可以根据教师的不同意见和建议进行工作方面的改进。学生会及各个学生团队可以通过创建学生信息反馈网络，从而帮助教学质量监督人员了解教学情况，而后将信息进一步反馈给各个院系的教师，以方便教师进一步改进教学计划并且全面提升教学质量。另外，高校还应当时刻注意社会对教学质量的信息反馈情况，通过实时了解各用人单位对高校毕业生的评价，从而进行教学质量上的改革，并为社会输送更多符合用人标准的专业型人才。

3. 信息机制运行应注意的若干问题

为确保系统高效率运行，首先应该着力打造完善的信息运行机制，反复确认信息收集与反馈信息，保证信息准确。另外，不论是学校内部的信息反馈还是学校外部的信息反馈都要足够重视，一视同仁。对此，作者列出了需要注意的事项：一是信息的准确性。准确性是指信息的收集、加工和反馈过程必须是对现实状况的真实反映，捏造的虚假信息是无任何意义的。二是信息的及时性。时效性是信息的重要特性之一，拖延或耽误会导致信息失去其使用价值。信息的收集、加工和反馈都要尽量避免时间上的拖延。三是信息的完整性。信息的完整性是对信息运行过程提出的更高要求，也是构建完善的信息运行机制必须要达到的目标。四是信息具备一定的针对性。由于高校内部信息过于复杂，各团体、各组织的信息种类丰富，信息覆盖的范围也是有所不同的，所以在进行信息收集、反馈的时候，应当注意将信息尽量与组织、需求等因素相匹配。

（三）定期评价

所谓的定期评价就是依照相应的评价标准和评价目标对于某一主体进行周期性的评价，而这样的过程往往有固定的周期，因此被人们称为定期评价。这里所说的定期评价重点包括以下两方面：一是对高校教学质量的周期性评价；二是对教学质量监督及运行方面的周期性评价。

1．高等院校教学质量的定期评价

教学质量涉及较多变量，难以准确计量。在实践中，通常采用化整为零的方法，把教学活动划分为多个教学环节，通过对每个教学环节的定期评价来衡量各个环节的教学质量，最后汇总得出总体教学质量的评定结果。针对教学质量的定期评价能够为教学质量监督管理方面进行相应的辅助工作，并且能够帮助教学监督管理行为顺利地开展。一般来说，教学质量监督管理的定期评价重点关注高校各个组织之间的活动能否切实符合监督管理的整体要求。除此之外，教学质量能否达到相应的标准也是教学质量定期评价所需要关注的问题。教学质量定期评价的具体内容包括三个方面：一是对教学活动质量的定期评价，主要涉及影响教学活动质量的因素及对这些影响因素的分析与控制；二是针对教学质量的意见和建议，高等院校应采取应对措施并对此进行定期评价；三是在高等院校教学活动中，质量标准会发生变动，有必要对质量变更的实际效果进行定期评价。

2．教学质量内部监控运行机制的定期评价

教学质量监督管理的运行模式当中，周期性评价是至关重要的，其具体指的是高校内容的监督管理团队根据教学管理监督的目标所进行的一系列工作。通过全面收集信息并对信息进行分析，了解信息反馈的情况，从而调整教学质量监督管理的相应内容，使其符合高校发展需求。与此同时，全面改善监督管理的操作流程，从而整体提升监督管理效率。高校教学质量监督管理运行的机制改革与完善必须要借以周期性评价机制来辅助进行，而周期性评价机制也是完善高校教学质量管理监督体系并且是该体系能够正常运行的重要条件。根据质量监督管理方面的理论依据，高校的教学质量监督管理运行方面的周期性评价大致包括以下环节：运行—评价—改进—再运行—再评价—再改进。

教学质量监督管理运行机制方面的周期性评价从实际应用的角度完美地实现了监督管理的重要作用。至于教育质量监督管理机制的正常运行及周期性评价则是在教学质量周期性评价的基础上进行的，简而言之，前者属于后者的子系统。其中，检测监督管理体系的现状并且核实该体系能否在高校成功运行，需要依靠周期性评价机制，至于评价机制的周期主要依靠高校的教学质量监督管理部门的实际运作情况进行准确的布置。

具体评价的内容应该包括三部分，分别为：教学质量内部监控体系符合实际需求的程度和预期监控目标的实现程度，教学质量定期评价结果，教学质量内部监控运行机制定期评价结果。

（四）持续改进

完善高校的教学质量监督管理的运行机制是持续改进的重要目标，并且持续改进还能够全面提升高校监督管理运行机制的适应能力。持续改进的机制大致可以分为以下两点。

1. 经常性改进

经常性改进可以利用上文提及的PDCA循环模式来实现。PDCA循环模式是改进教学质量内部监控运行机制的基本模式，可以用在改进监控运行机制各组成部分与运行机制各环节层面。PDCA循环模式不仅在教学质量内部监控运行机制的改进过程中得到应用，甚至还被应用于运行机制的构建过程。然而，PDCA循环模式较少考虑持续改进的阻碍因素，影响其应有价值的发挥。如果改进工作遇到极大阻力，或是要进行大幅度改进的话，PDCA循环模式将不再适用，此时应采用科特·勒温[①]（Kut Lewin）的系统变革模式。

2. 大程度改进

科特·勒温提出了一种系统变革的方法，可以大幅度改进工作。他认为，要想成功地进行系统变革，必须经历以下三个步骤。

首先是“解冻”状态，这意味着在任何一个系统内部和外部都存在两种不同属性的力量，其中一股力量是推动系统变革的重要力量。而另一股则是维持系统不变的力量。若是两种力量保持平衡，那么这时就达到了系统平衡的状态。这时如果想要进行系统改革，那么就必须进行一定的改变，打破平衡的状态，这就是勒温所说的“解冻”状态。

其次是“移动”状态。该状态是系统“解冻”后所衍生形成的新型状态，在整体“移动”时，系统变革力仍然保持大于系统维持力。

最后是“冻结”状态。进行“移动”后的系统在其初期阶段是较为脆弱的，这时如果不及时维持当前状态，那么在此之后将有一定的机会变回原来的状态。由此可见，这时就需要进行“冻结”工作，从而帮助系统进行变革。另外，系统在进行工作时，如有必要，还需进行“二次解冻”“二次移动”“二次冻结”，通过再次循环的方式，使系统能够维持运行状态。系统的变革最主要的特点就是系统的改变很大，并且这样的模式非常适合大型系统的改革工作。

当高等院校的教学质量改进涉及诸如利益分配等重大改进举措时，势必会遇到较大的改革阻力。依照勒温提出的相应理论及相应改革方式，高校可以对自身运行系统进行全面的改造。首先根据高校教学当中存在的诸多问题进行分析，从中找出教学重点问题，通过大力宣传的方式使更多的教职员工理解改革并支持改革；通过详细的描述，使更多的教职员工认同改革计划。其次，高校根据具体情况制订全面改革计划，统筹全局，将对高校的不良影响降到最低。最后，高等院校应采取以新代旧的试点方式确定学校的改革力度，之后采取相应的改革措施，并通过制度建设巩固学校的改革成果。

---

① 科特·勒温（Kurt Lewin），生于1890年9月9日，逝于1947年2月12日。德裔美国心理学家，拓扑心理学的创始人，实验社会心理学的先驱，格式塔心理学的后期代表人，传播学的奠基人之一。

（五）以专业教学质量为特色，制定科学合理的教学质量监控标准

教学质量的监控是保障教育质量的重要手段，而评价则是监控的基础。为了更好地实现教学质量的监控，高校通常会制定一系列科学合理的评价标准，并将其体现在质量监控标准中。对于不同专业和课程，高校也会针对具体情况制定相应的评价标准和操作方法说明。例如，在某学院中，分别设立了专业质量（Z）、理论教学（K）、实践教学（S）、理实一体化教学（H）、班级整体教学过程（C）及毕业论文等项目，并为每个项目都制定了相应的评价标准和操作方法说明。这些科学合理的评价标准将有助于提高学院的教育质量水平，进一步推动学校整体教育事业发展。

1. 有关专业质量（Z）的标准及操作说明

过去教学质量评价主要关注教师的教学水平和学生的学习成果，而专业则是高校根据社会需求划分的不同领域的学科。专业建设是提升教育质量的基础，也是区别于其他专业的重要标志，因此在评价教师教学水平时必须考虑专业因素。同时，在现阶段提高毕业生的实践能力已经成为必然趋势，因此其对于专业质量监控也具有至关重要的作用。

学院一直坚持对专业质量进行监控，并制定了包括十个一级指标在内的全面系统、科学合理的专业质量标准。这些指标涵盖了课程设置与目标、课程体系与结构、科目课程、教学环节、职业关键能力与素质培养、教育环境、产学研合作、师资队伍及毕业生就业等方面。这些标准已经成为学院的特色之一，并且被广泛应用于整个教育过程中，确保了学院所培养出来的人才具备优秀的综合素质和实践能力，其具体操作如下。

第一，对专业质量进行考核评价，每学年至少一次。重点涉及对新专业的审批和对现行课程的检查指导和对各专业教学计划进行的周期性回顾。每个专业都会算出一个Z值，并且每年进行一次评价，以确保专业建设不断改进。如果某个专业没有毕业生，则第十项不计分，各项等级减去一个档次。

第二，专业质量评价体系界定了A、C等级内涵。在A、C之间的为B级，低于C级的为D级。评价结论（Z）包括优秀（90分）、良好（80分）、合格（70分）和不合格（60分），共涉及三十个评分值，其标准如下。

优秀（90—100 分）：D=0，C < 4，A > 25，记 90 分；每增加一个 A，记 2.5 分。

良好（80—89 分）：D < 2，16A < 25，记 80 分；每增加一个 A，记 1 分。

合格（60—79 分）：D < 11，记 60 分；每减少一个 D，增加 2 分。

不合格（< 60 分）：D > 12，记 59 分；每增加一个 D，减去 1 分。

2. 有关理论教学质量（K）的标准及操作说明

学院制定了八个一级指标的评价标准，包括讲课水平、教学态度、外语及新技术渗透、学生到课率、听课检查结果、学生评教结果、课程互动和期末成绩等方面。每个一级指标都涵盖了全面、多样化的二级指标，以确保对教育质量进行全面而深入的评估。

在讲课水平方面，高校将考虑教师掌握知识点的深度和广度，以及他们能否将复杂概念简单易懂地传达给学生；同时，在教学态度方面，高校会关注教师是否热情投入，并且能否与学生建立良好的沟通和信任关系。

另外，在外语及新技术渗透这一指标中，学院会考察教师是否具备流利的英语口语表达能力，并且是否善于运用现代科技手段辅助授课；此外，学院还会重视学生到课率和听课检查结果等因素对评价体系所产生的影响。

最后，在期末成绩方面，学院不仅会关注整体表现如何，还会分析各类人群的表现情况，以便更好地了解教育质量的整体水平。总之，学院将综合考虑各项指标，并根据评估结果提出改进建议，以不断提高学院的教育质量和水平，其具体操作如下。

第一，评价某位教师的教学质量，我们需要采集某位教师对其所代课程进行的终期考核，以该教师个体在某一班级最后的课堂评价 K 值计算，如该教师同时担任几个班的教学任务，则 K 值取平均值。

第二，此理论教学质量评价体系界定了 A、C、D 三个等级内涵，介于 A 与 C 之间的定为 B，本评价标准共涉及十七项评分值，根据不同得分范围，可得出以下四种评价结论：优秀，得分在 90—100 分。其中 D 值为 0，C 值小于等于 4，A 值大于 15 的项目记为 90 分，并且每增加一个 A 值，则再加 5 分；良好，得分在 80—89 分。其中 D 值小于 3，13 倍 A 值小于 15 的项目记为 80 分，并且每增加一个 A 值，则再加 5 分；合格，得分在 69—79 分。其中 D 值小于等于 7 的项目记为60分，并且每减少一个D值，则再加2分；不合格，得分低于60分。其中D值大于8的项目记为59分，并且每增加一个D值，则扣除1分。

3. 有关实践教学质量（S）的标准及操作说明

为了评价实践教学的质量，学院制定了四个一级指标：方案及准备、操作及训练、总结及报告、考核和鉴定。为了更全面地监控实践教学的各个环节，学院将其分解为多个二级指标。

具体来说，学院定义了A、C等级，并将A和C之间的表现归类为B级，低于C级的则被认定为D级。根据这些等级，我们设计了一个包含14个项目的评价结论（S），以此评估实践教学的质量。

如果一个班级获得90—100分，则被认定为优秀。在这种情况下，D值必须是0，C值不能超过4，并且至少有12项A指标。每增加一个A指标，则可以额外获得5分。

如果一个班级获得80—89分，则被认定为良好。在这种情况下，D值必须小于2，并且至少有9项但不超过12项A指标。每增加一个A指标，则可以额外获得3分。

如果一个班级获得60—79分，则被认定为合格。在这种情况下，D值不能超过6。

如果一个班级获得低于60分，则被认定为不合格。在这种情况下，D值必须大于7。每增加一个D指标，则会减去1分。

总之，学院的评价体系可以帮助我们更全面地监控实践教学的质量，并为班级提供有针对性的反馈和改进建议。

4. 有关理实一体化教学质量（H）的标准及操作说明

为了评估学院的教学质量，学院制定了十个一级指标，包括教学设计、教学准备、讲课水平、教学态度、外语渗透、新技术渗透、学生到课率、课堂互动、教学任务完成情况和考核等。为了全面监控理论与实践相结合的教育模式，学院将理实一体化分解成多样化二级指标。

这些二级指标涉及每个环节的具体细节，例如，在教学设计中是否充分考虑不同类型的学生需求；在教学准备中是否使用最新的资料和工具；在讲课过程中是否能够清晰地表达思想并引导学生思考；在外语渗透方面是否能够有效地提高英语水平等。

此外，学院还关注每个环节对于整个理实一体化过程所起到的作用。例如，在考核方面，学院会评估其对激励师生积极参与理实一体化活动及推进整个项目发展所起到的作用。通过这种方式制定评价标准，我们可以更加全面地监控和改善理实一体化教育模式，并确保其持续发展，以提高教学质量，其具体操作如下。

第一，评价某位教师的理实一体化教学质量，学院需要采集某位教师对其所代课程进行的终期考核，以该教师个体在某一班级最后的课堂评价 H 值计算，如该教师同时担任几个班的教学任务，则 H 值取平均值。

第二，此理实一体化教学质量评价体系界定了 A、C、D 三个等级内涵，介于 A 与 C 之间的定为 B，本评价标准共涉及十五项评分值，具体的评价结论如下：优秀（90—100 分），若 D=0，C ≤ 4，A ＞ 13，则该项得分为 90 分。每增加一个 A，将额外获得 5 分的加分奖励。良好（80—90 分），若 D ＜ 2 且 11 ＜ A ＜ 13，则该项得分为 80 分。同样地，每增加一个 A 也会带来 5 分的额外奖励。合格（69—79 分），若 D ≤ 7，则该项得分为 60 分。但是如果能够减少一个 D，则可以获得 2 分的额外奖励。不合格（＜ 60 分），若 D ＞ 7，则该项只能获得 59 分的低级别评价，而且每增加一个 D 都会导致 1 分的扣除惩罚。

5. 有关班级教学质量（C）评价标准

学院需要制定七个一级指标的标准，以确保任务执行、备课、实施教学计划、教学组织、教学过程和方法、授课效果、实训条件及考试组织等方面的质量。其中，任务落实涉及两个二级指标：教师和教材选用。这些标准将有助于提高教育质量，并确保每位学生都能够获得优秀的教育资源。学院必须认真对待这些指标，并在日常工作中不断完善它们，以便更好地服务学生，其具体操作如下。

班级教学质量评价体系界定了 A、B、C、D 四个等级，共涉及 8 个项目。对于评价某个班级的教学质量，学院可以先计算该班每位任课教师的 C 值，然后求平均值得到该班的总 C 值。根据不同分数段的标准，我们可以将总 C 值转化为相应的成绩等级。如果该班总 C 值在 90—100 分，则该班成绩为优秀。此时 D 值必须为 0，且 A 值大于 7 才能记 90 分。每增加一个 A，就会增加 5 分。如果该班总C值在80—89分，则该班成绩为良好。此时D值必须小于2，并且4A小于7才能记80分。每增加一个A，就会增加3分。如果该班总C值在60—79分，则该班成绩为合格。此时D值必须小于等于7才能记60分。每减少一个D，就会增加4分。如果该班总C值低于60分，则该班成绩不合格。此时D必须大于8才能记59分。每增加一个D，就会减去2分。因此，在评价某个班级的教学质量时，需要考虑各任课教师的表现，并按照以上标准对其进行评定和打分。

6.有关学校整体教学质量的评价

首先，学院会邀请校内评估专家按照专业质量标准对各个专业进行评价，并得出每个专业的Z值。这项工作每学年进行一次，以确保教学质量的稳步提升。

其次，各系督导小组将收集并统计评价教学质量的基本要素。这些要素包括课程设置、教材使用、授课方式等方面，以便更好地了解和改进教学过程中存在的问题。

再次，各系督导小组会按照理论教学质量标准对每位任课教师的理论水平进行评价，并得出该教师的K值。同时，在实训中心方面，督导小组也会按照实践教学质量标准对每位实训教师的实践能力进行评价，并得到该教师的S值。

最后，在理实一体化方面，各系督导小组还会按照相应的标准对每位任课教师在理论与实践结合上的表现情况进行综合评价，并得出该教师的H值。此外，系主任也将负责对所属班级整体教学质量进行综合考核，并得到该系班级的C值。通过这些评价体系，学院将能够更好地了解和改进教学质量，提高教育教学水平，为培养优秀人才打下坚实基础。

有了上述五类标准及Z值、K值、S值、H值、C值后，就可以算出各项教学质量评分（见表3–4–1）。

表3–4–1　教学质量量化评价

直接从评分表中抽题的数据	Z：专业质量分值 K：基础课（不含实验实训）教师的教学质量分值 S：实验实训课教师的分值（K+S）/2；专业基础课（分理论、实验实训课）教师的教学质量分值 H：专业课（理实一体化）教师的教学质量分值

续表

应用公式计算的数据	N：学院系总数 N：系所含的专业总数 Y：教学质量总评分值 X：教学质量评分值 P：专业教学质量分值 C：班级教学质量分值 T：某专业班级总数 t：班级任课教师总数

（六）以教学实践为重点，采用多样化且行之有效的教学质量监控手段

学院教学质量监控应该把教学实践作为主要依据，运用高质量的监控手段保障教学质量。第一，听课是最直接、最可靠的检查课程教学成效的方法，所以学院应该建立领导干部、管理干部、教师和专家听课制度。第二，召开师生座谈会可以多方面地了解不同教学环节的教学质量。第三，“三师评教”活动可以发挥学生的主体作用，并有助于更好地反馈教师的教学情况，促进师生互动并提高整体质量。第四，在全过程中发挥专家组的督导、检查作用也非常重要。

第四章　高等院校教学质量监控与评价分类

教学质量监控与评价是一项系统工程，因此，从教学质量监控与评价的对象来看，包含的主体非常多元，既包括各系（部、院）、全体教师（兼职外聘实验教师等）、研究室、学校，也包含学生。按照评价层次和评价的组织者划分，可分为政府部门开展的高等院校人才培养工作水平评估、示范性高等学校评估，学院（校）开展的教学质量监控与评价和系（院、部）开展的教学质量监控与评价；根据评价对象进行划分，可以分为学生学业评价、研究室教师的教学工作和成就评价、各系（部、院）的整体教学水平和工作评价、教师的教学工作评价、学生操作评价等；根据实际参与评价的人员划分，可以具体分为自我评价、学生评价、督导评价；根据评价内容划分，具体可以分为课程评价、研究室的教学水平和工作成果综合评价、各系的教学评价、专业评价、教师整体教学水平和工作能力的综合评价、优质课程评价、教材评价、课件评价、题库评价、课堂教学效果和质量评价、教学能力和技能评价；按照课型划分，课堂教学效果和质量评价又可以进一步划分为体育课、实验课、理论课等的教学评价。

本章主要是对高等院校教学质量监控和评价分类来进行详细的介绍，分别对高等院校质量评价与系（院、部）教学质量监控及评价、教师教学质量评价与学生学习效果评价、课堂教学质量评价与实践教学质量评价、专业建设质量评价与课程建设质量评价这四个方面展开论述。

第一节　高等院校质量评价与系（院、部）教学质量监控及评价

一、高等院校教学质量监控与评价构建的建议

对高等院校的教学质量监控与评价目前仍然主要由各级政府或教育行政主管部门组织进行。我国从 1986 年恢复教育督导制度以来，已经有多年的督导评估经验，如湖北省在 20 世纪 80 年代后期陆续开展的对高等学校进行的学校教学合格评估、办学水平评估、选优评估；各地方教育局开展的辖区高等学校教学质量评估；中华人民共和国教育部从 2003 年开展的高等院校人才培养工作水平评估；还有其他各种专项评估等。各地区在评估、督导方面已经积累了一定的经验，形成了各自的评估体系。由于其操作由政府或政府部门根据不同的评估目的或需要而进行，所以其操作过程未纳入本课题探讨的范畴，这里仅就高等院校教学质量评估的趋势及有关观点进行研究。

（一）转变评价观念，适应发展需要

对于高等院校而言，想要借助教学质量监控评价有效提高学生的教学能力和水平，帮助学校充分认识在人才培养过程中应当承担的责任和使命，进一步加强对办学定位的明确认识，有效规范教学管理活动，提高教学实力。杨应崧教授曾经提到，开展评估最为重要的目的主要有三个：一是起到鉴定的作用，也就是需要给出较为明确的结论，要评不及格、及格、良、优。二是要起到“诊断”的作用，要能帮助高等院校找到其在教学过程中存在的问题，分析产生问题的具体原因。三是为了更好地推动发展，即根据问题进行分析，找到改进途径，提出更具可操作性的建议，也就是“开方”。其中“开方”和“诊断”是最为重要的。杨应崧教授着重强调，有些高等院校在开展评估时往往侧重于结论，在意最终所获得的评价等级，想方设法地通过多种途径获得优秀的评价。在这种错误思想的引导下，会导致学校过于关注量化指标，忽视内涵建设，缺乏改革创新。也有相关专家明确指出，建立健全的教学评估体系已经在一定程度上标志着中国由之前的侧重于

规模效应而逐渐转向内涵建设。所以，针对高等院校所开展的教学质量监控与评价也发生了相应的变化，不再是传统模式下侧重规模扩张、数量增长，而是更加注重提高高等院校的教育教学质量和内涵，更加突出对教育资源的合理配置，提高教育的公平性，补齐短板，引导并监督学校进行规范管理、依法办学，加强对教育方针的全面贯彻，有效提升素质教育水平，改变重视硬件配备而忽视软件建设、重视结果忽视过程的错误倾向。

（二）突出职教特色，培养职业能力

校企合作、工学结合、工学交替、校内外实验实训基地建设是职业院校显著的教学特色，也是提高职业教育效果和质量的重要因素。加强对高等院校的教学质量监控与评价应当侧重于该方面，全面评价和衡量高等院校的教学能力和水平。例如，为了落实校企双方共同制订人才培养方案、共同管理教学过程、共同考核教学效果的要求，可以把是否有效推进校企合作、工学结合的人才培养模式及其成效作为学院（校）、系（院、部）研究室和教师个人考核评价的指标因素。此外，既然工学结合的“教”与“学”过程都有企业的参与，在对工学结合这一层面的教学水平和质量进行评价时，应当优化评价组织，组建复合型组织体系，囊括企业与学校，建立实践与理论紧密融合，终结性评价和形成性评价相互辉映，作业态度和专业技能紧密融合，实践操作、口试、笔试紧密融合，他人评价和学生自评紧密融合，闭卷、开卷相互配合，社会企业评价和教师评价紧密融合，第二课堂竞赛和第一课堂考核紧密融合的教学评价体系。抓好了这些工作，就扣住了职业教育中学校与社会、理论与实践、教育与生产相结合的教学环节，必将有利于学生能力和教学质量的提升。

（三）重视教学效果，抓住关键因素

长春工业大学原校长张德江认为，教学评估应侧重对教学质量有根本影响的环节。“学”和“教”是影响人才培养水平和质量的重要因素，张德江将其具体概括、归纳为以下三点：一是教学投入。近年来高校越来越重视学术和科研，投入了大量的资源用于发展学术和科研，在这种风气和环境的影响下，教学的地位逐渐受到冲击，教学的重要性也相应被淡化。同时，在实施岗位聘任制时对教师的考核和评价也过于注重学术和科研因素，若教师能有较为丰厚的学术和科研成

果，则能在考核和评价中占据优势，因此，导致教师过于重视学术和科研，花费较多的时间和精力投入学术和科研中，在一定程度上弱化了教学效果，影响教学质量。二是教学方法问题。部分教师所采取的教学方法存在滞后性和单一性，在教学过程中过于注重对学生的知识灌输，缺乏对学生参与意识的培养，教师往往习惯于直接告诉学生结论，忽视问题教学方法的应用，缺乏对学生思考能力的培养，缺乏对学生发散式思维的引导，影响学生的创新意识，有些教师在教学过程中还存在过于重视考试成绩和分数而忽视对学生个人能力和素养的培养的问题。三是学习方法问题。部分学生在学习过程中没有找到合适的学习方法，会影响其学习效果和质量。学习方法不够科学，过于依赖教师，缺乏自主学习意识，缺乏自主学习能力，思维方式方法存在不足，求异思维和意识薄弱，求同性更强，学习状态有所不足，很难积极主动发现问题、探讨问题，从而习惯性顺从和依赖他人，学习层次有所不足，创新较少、继承较多，学习情感层面也存在较大差距，大部分学生对学习缺乏兴趣，只是迫于应试要求和压力而参与学习。这些问题都会在一定程度上影响学生的能力和素质培养，导致学生创新意识薄弱，也会对学校风气有一定影响，导致“文而不化”“知而不时”等风气盛行，影响学校的整体形象和文化氛围。因此，在教学评估过程中要更加注重了解学校在调动教师教学热情层面所作出的努力；要注重了解学校如何引导和帮助教师改变教学方法、提高学生学习效果和质量；要针对实践教学、教学方法、教学内容这些影响教学效果和质量的根本性因素进行评估，从而更好地找到人才培养的影响因素。

（四）教书为本，育人为先

华东师范大学原党委书记张济顺教授认为：“近年来，在高校评估评价体系中，教书育人功能的评价突出不够。国外很多大学对于教师在办公室的时间是有规定的。校园网介绍教师的主页上都有教师每周的办公时间，以便接待学生、答疑指导。大学教师不管学问多么大，如果只是上课才来，下课就走，我看很难完成教书育人的任务。对教师的评价还有调整的空间，现在许多高校在这些方面都有‘重科研、轻教学’的倾向。教学上也是强调获奖，而忽视了最日常的责任——上课和育人。评价要科学，要以教书育人的综合评定为依据，大学教师个人有责任对学生进行学业以外的指导。”

（五）准确定位，让学生可持续发展

高等院校之所以成为高等院校，是因为它的教育功能。高等院校的教育功能定位决定了人才培养目标和质量定位。在这方面既然已有定论，我们要做的就是持久地、认真地落实，而不能表现为决策或做法上的随波逐流或摇摆不定。为了保证学生未来的可持续发展，绝不能只考虑眼前的就业率，有学者提出："我们将高校教育的培养目标定位为，在保证个人可持续发展的基础上，以社会职业岗位（群）的需要为依据培养直接为生产、管理、服务第一线服务的，将客观规律和原理转变为物化形态，直接为社会创造价值的高等应用型人才。"这个观点早在2002年就已被提出，既明确了高校教育的培养目标，又强调了保证个人的可持续发展，具有鲜明的指向性、时代敏锐性及超前性。学者认为，高等教育终究是一种教育，而不是一种训练，教育的终极目标是培养人，提升人的全面素质，促进人的全面发展。高等教育就是要教给学生一种能够获得持续发展的学习能力。教育的目标不应单纯地针对企业具体岗位和工作的需要，而应扩大到学生的整个职业生涯。基于此，在高等院校的教学质量监控方面，要充分结合高等院校自身的定位，加强对学生专业技能、知识储备、道德水平、综合素质、相关能力"学"与"教"的全面考核和评估，从而更好地提高人才培养效率和质量，促进人才的全面发展。

（六）重视形成性评价，建立长效机制

多年来实施的对高等院校质量监控和评价的标准和方法主要是总结性评价。在对教学评价进行优化和改革时，应当不断突出形成性评价的重要性，使其与总结性评价紧密融合，共同提高评价的科学性与合理性，突出评价的建设性和引导性。工作重心要积极发生转移，不再过于注重等级评定，而应当更加突出对高等院校教学质量保障体系的评价，要全面衡量学校是否建立健全质量保障体系和机制，要评价其可靠性、真实性和有效性。高等院校的教学质量保障体系不应局限于对规章制度进行优化和完善，而应当更加侧重于具体的执行和落实，包括流程制定和梳理、资料收集、信息总结和分析、结果评定和反馈、相应的改善举措及检查纠正等具体行为和相关的规范文件。通过质量监控与评价，促进学校建立管理规范、过程控制、教学有效的长效管理机制。

（七）主导与主体

1. 政府主导，多方参与

要加强对国外相关经验的了解和学习，借鉴其评价方法和评价制度，加强政府主导，积极引入民间评估机构、行业组织等，形成由学校评价、社会评价（用人单位）、政府评价组成（包括教育主管部门）的综合性评价体系。高等院校应当积极参与评价工作，积极响应政府或其他中介组织的评估活动和工作，也应积极创新和探索，发挥主观能动性，构建和引入社会评价机制，提高评价效果和质量，如学校可以牵头组织人才培养评价会议，借助自身的影响力和人际资源，邀请社会各界人士参与其中，了解其对于高等院校人才培养层面的意见和建议；组织专业建设委员会等相关会议，了解专家学者对于高等院校现阶段教育教学工作开展情况的意见和建议；积极组织并开展校企合作，帮助高等院校发现教育教学过程及办学过程中存在的不足。高等教育教学需要充分结合生活实际和生产实际，评价和衡量教学效果和质量，制定更加科学合理的评价标准，获得社会认可，确保通过这些评价标准所评价的结果能够真正反映高等教育的教学质量和教学成果。有关专家也明确指出，评估工作要不断推动健康化和持续化的发展，要积极推动“五个转变”的落实——要推动机制转变，由具体工作逐渐演变为长期制度；要推动主体转变，从传统模式下的政府评估逐渐演变为中介评估；要推动目标转变，要改变学校的被动状态，提高学校的自主性，调动学校自主达成标准的积极性；要推动内容转变，不再只是单一地对教学开展评价，而是更加侧重于综合性的评价，更全面地衡量和评估教育教学；要推动手段转变，不再局限于“专家进校”，要善于结合大数据的发展背景，实现信息分析。

国外学校的评估认证大多是从评估认证目标对象的具体实际出发，着重考察其发展目标设计的合理性、定位的准确性及相关标准制定的科学性、手段标准目标的可行性。专家结合学校的发展现状和目标情况，提出评估认证意见和进一步的改进措施。这种方式是形成性和发展性的评估方式，具有较为鲜明的开放性和针对性，能够有效提高评估认证效果和质量，未来也期待这一模式能够广泛应用于我国高校，进而有效地提高对高等院校的评估和认证。

政府及其主管部门除了对高等院校进行周期性的检查、评估，还可利用社会资源对高校教学质量方面进行观察和监督。例如，通过企事业用人单位对顶岗实习学生和毕业生的评价，观察、监控高等院校的教学质量；建立和利用社会综合评价系统，及时获取学生家长、用人单位和行业专家等方面的评价信息；通过分析高等院校学生参加资格考试、等级考核的通过率，对高等院校的教学质量进行评价；通过学校的招生状况和真实的毕业生就业率分析高等院校的教学质量和社会评价；通过向社会公开学校的评价报告、评价结果，接受社会各界的监督等，都是很好的可以利用的教学质量评价渠道。

2. 第三方评估，政府监督

安徽师范大学的李平教授曾经明确指出，高等教育在一定程度上是一种社会公共产品，在对高等教育进行评估时应当积极引入第三方进行评估，以确保评估的独立性，如积极引入民间评估机构行业组织等，加强对相关信息的收集和整理，构建更加科学合理的多元评估体系，要充分获取家长、学生、政府、社会、学校等方面的评价信息。在对高等教育进行评价时，主管部门应当“独善其身”，不要作为直接参与者，而应当更肩负起“监督督促者”的角色和使命。评估标准也需要与时俱进，随着教育现状的不断发展和变化而进行修正，不应当过于重视数字，而应当更加突出软性指标和硬性指标的相互配合。在对不同类型和地区的学校进行评估时，应当制定更具有针对性的评估标准，确保评估的科学性与有效性。评估队伍结构需要不断完善和优化，传统意义上的评估人员大多以管理人员或行政人员为主，评估专业领域的专家相对较少，外界人士或学生则在评估过程中几乎没有存在感，这在一定程度上会影响评估效果和质量。因此，需要对评估队伍的人员结构进行不断优化，增加评估专家、外界人士的话语权。

二、系（院、部）教学质量评价

系（院、部）教学质量监控与评价是由学院（校）对系（院、部）进行的教学质量监控与评价。

对系（院、部）所开展的教学质量监控与评价活动实际属于教学管理监控评价，也就是督导评估中所涉及的“督管”。督管的内容非常多，涉及的层面非常广，具体包括教学工作是否按照管理制度规范化进行，学籍管理是否完善、科学，教学管理队伍是否得到重视，成绩管理是否科学有效，教学质量是否得到规范化和高效化的管理，课程管理是否有序，教学信息管理是否完善、规范等。

教学质量监控与评价工作的有效开展能够更好地指导和规范教学管理活动，提高教学管理的效率和质量。系（院、部）是教学管理实施的基本单位，从近年来各院校教学管理改革的情况来看，抓好教学管理首先就要抓好系（院、部）的教学管理，系（院、部）起着承上启下的重要作用。系（院、部）的工作不落实，管理不到位，学院（校）的教学质量就难以得到提升。要建立以学院（校）和系（院、部）共同参与的分层的教学质量监控与评价制度，实现教学管理全方位、多层次的监控。此外，要建立健全评价体系，推动教学管理的进一步优化。从学生、教师、系（院、部）、学校督导组等多个主体出发，周期性地对教学管理进行质量监控与评价，从而不断提高教学管理水平，不断优化和完善教学管理评价体系。系（院、部）教学工作质量监控与评价往往涉及两级指标体系，一级指标体系主要是指教学基本建设情况、教学过程中的指导思想、教师队伍整体水平和建设情况、教学计划设计和管理情况、教学质量评价和管理情况、教学运行管理情况等。主要是对系（院、部）各方面工作的开展情况进行的评估和评价，包含人才培养、教学建设方面，如教材、课程、师资队伍、实验室、专业建设等各方面的情况及制度文件的撰写、制定和落实等。充分结合一级指标体系的具体组成内容进一步制定一级指标下的二级指标，根据二级指标的具体情况设计新内涵，明确其标准，设定其权重，制定其等级。在规章制度的执行方面，“督管”工作要与日常工作相结合，不仅考察系（院、部）的规章制度是否建立健全，还要考察规章制度的合理性、实用性及制度的执行情况。

第二节　教师教学质量评价与学生学习效果评价

一、教师教学质量评价

教学工作是非常重要、丰富、复杂的活动，有时在短期内无法看到显著的教学成果，需要经过时间的检验和证明，隐蔽性较高，且具有较强的创造性，需要教师结合经验进行创新、创造，不能拘泥于传统，否则不能适应学生的发展需要。

对教师的教学工作进行评价是为了增强教师的工作热情，提高其工作主动性。

因此，为了更好地实现这一目标，必须要利用好评价的激励属性，吸引教师、调动教师，进而帮助教师提高教学能力，为教师的发展指明方向，提升教师的专业水平。

对教师教学工作的评价，有专家曾经总结、归纳了九种评价模式，即绩效考评法、末位淘汰制、增值评价法、教学档案袋评价法、微格教学评价法、校长—同事评价法、目标合同评价法和自我评价法。工作中对教师的评价大多为一般印象评价、年度工作考核评价、评优评先和教学质量评价。一般印象评价限于对教师的一般性和概括性评价，多用于对教师基本情况的了解或人际交往方面；年度工作考核评价是由学院（校）组织人事部门按照上级要求，在每年年底或下年年初进行的一项常规工作，有固定的时间、规定的内容、程序化的表格和专门的文件要求；评优评先可以在年终进行，也可以在平时开展，大多与某些节日或活动有关，如“妇女节”、青年节、教师节等节日之前的评先表彰等。上述评价虽然都是对教师的评价，但并不是教学质量监控评价的主要工作。这里所提及的教师评价内容，是指针对高等院校教学质量监控与评价工作中所涉及的教学工作评价，也是高等教育教学质量监控与评价工作的重要组成部分，是影响整体评价结果的重要因素。此外，从习惯上来说，在工作中人们对各级部门的监控一般都能接受，而一旦提到对人的监控，则多少会有抵触情绪。因此，从高等院校工作的实际出发，对教师的教学工作评价主要以教学质量评价为主，同时对教师的教学评价也能够体现质量监控的主旨，与教师教学工作评价相关的因素如下。

第一，评价者的评价观念。传统的教师教学工作评价只看教师“教”得如何，忽视了学生“学”的效果。现代教师教学工作评价以学生为出发点，不仅看教师“教”得如何，还要更多地关注学生“学”得怎样，以教学活动的最终结果评判教师的工作。此外，一些院校已经开始实施根据教师的教学质量而不是按课时数量发放绩效津贴的做法，也体现了质量第一的正确导向，即评价教师教学工作时，除应有一定数量的要求外，应把学生对教师授课质量的评价及教师从事的教学改革工作和教学方法等因素作为重要指标，而不仅仅以课时的多少对教学工作的完成度和贡献率进行评价。

第二，教师的评价观念。在评价过程中应当注重对材料的筛选和甄别，要加强对原始材料的掌握，提高材料的真实性，注重第一手材料，从而有效提高评价的客观性和公正性，真正做到用事实说话。因此，教师也需正确看待评价过程和结果，要充分意识到开展评价是为了更好地帮助教师发现自身存在的问题和不足，是为了更好地推动教师成长和发展，是提高教师专业成熟度的有效举措，教师应当对评价持支持、认可、理解的态度，要借助评价反馈有效改进教学活动，充分结合评价项目对材料进行充分的准备，加强数据统计，并填写相关表格。研究室、系（院、部）对材料进行审核，在确保审核无误的情况下及时进行公示，提高评价的公平性和透明性。

第三，评价内容。在对教师进行教学质量评价时，重点评价教师的学术水平、教书育人能力和情况，理论课教学质量（包含教学方法应用科学性与否、教学内容完整与否、教学态度端正与否、教学效果好与坏等）、实践教学质量（包含课程设计、实验教学情况、工程训练情况、生产和毕业实习等）。在对教学业绩进行考核时要充分突出教学效果评价的作用和价值，建立和完善多形式的教学效果评价制度，尤其是学生评教制度，在教师工作业绩的考核中实行教学效果优先制。进行教师教学工作业绩考核时，应主要围绕教学能力教学效果、教学研究与改革等方面进行。

第四，评价方法。根据教师教学工作评价的全面性和综合性要求，应注意定量评价与定性评价的有机结合，切忌仅靠一个枯燥的评价分数对教师进行评价。评价结论中既要有恰如其分的评价分数，也要反映被评价教师的主要优点、存在的不足、应改进的方面及努力的方向，还可以进行个人纵向比较，宜全面、细致、慎重地进行各环节的工作。为了更好地激励教师创先争优，提高教师的整体能力和水平，在对教师进行评价时，既要设定“合格线”，让教师达到基本水准，能保质保量完成教学工作，也要设定高一些的标准，使教师“踮踮脚就能够得到”，从而引导教师不断进步、不断发展。落实在评价指标体系方面，应该设置加分、满分两类项目。

第五，教师资质评价。对教师的资质评价，不应仅限于要求教师必须达到某一程度的学历，也不应仅限于教师是否专业对口，是否有教师资格证，而应把教师是否为“双师型”（或“双师素质”）教师放到重要的位置上进行考量。此外，教师是否参与及完成各年度的专业实践工作也应成为高等院校教师考核评价的重要内容。另外，参与了专业实践活动不等于达到了专业实践要求，达到了专业实践要求也并不等于就能取得好的教学效果。只有参与了专业实践工作，达到了专业实践要求，并取得了较好效果的专业实践，才有实际意义。在这里，“较好的效果”指的就是教师真正地得到了锻炼；解决了自己教学中存在的实际问题；实践能力有了较大的提高；教学中不再是纸上谈兵，能够做到理论与实际结合；遇到学生提出的问题有解决的办法；专业实践所在的单位对其评价高。

第六，教师能力评价。对教师的能力评价可以从四个方面进行：一是理论与实践的结合能力。观察教师是否能够把丰富的操作经验融入课程教学过程之中，做到理论和实践相结合；二是应用能力。观察教师是否能够把新技术、新工艺、新材料、新知识、新技能应用到操作实践中；三是，指导能力。观察教师是否能够指导学生掌握必要的技术和技能；四是研究能力。观察教师是否能够开发新技术，创造新的教学方法，推进教学改革。

第七，任教课程评价。重视课程内容与课程目标的同一性，关注课程目标与专业培养目标和人才培养目标的一致性，注重综合的、多元的目标评价。

第八，实验教学评价。要求综合性和设计性实验应达到一定的比例，实验项目和实验内容应注意更新。验证理论知识的演示性和验证性实验要适当减少，教师应能够开发综合性、设计性的实验项目。教学中教师应鼓励学生发散思维、培养创新精神、锻炼实践动手能力，对学生能否掌握实验内容和实验技术要有具体的考核措施。

第九，实习教学评价。所任教专业学生实习课题的选择要紧密结合岗位实际，实习课题和内容的更新要达到一定的比例，对学生的实习成绩要有严密、科学的考核办法。

第十，毕业设计工作评价。任教专业学生的毕业设计要紧密结合岗位实际，体现创新设计。为避免毕业设计“空对空”，一定要进行考核。部分专业不宜或不能提供“产品”的，可用毕业论文考核评价办法，但应体现高等院校的特色，促进学生对技能的掌握和应用能力的提高。

另外，关于教师教学评价方面的其他论述和做法还有以下五种。

（1）多元评价。多元评价在这里有着多方面的含义。

第一，对教师评价的评价主体应该是多元的。评价主体应该由专家、领导、同事、被评价对象自身、学生和学生家长共同组成，评价中应该充分考虑这些因素，而不能将其简单化。要重视教师在评价过程中的主体地位和主体作用；尊重教师的需要、选择和人格；要体现以促进教师专业发展为本的评价理念；为教师提供自我评价和自我反省的机会。

第二，对教师教学工作的评价内容应该是多元的。应该全面反映被评价对象的客观情况。评价内容上不仅应重视教师课堂教学的表现能力，也应充分重视教师课堂以外的各种素质与能力，尤其是教师的创新精神。

第三，对教师的评价标准也应该是多元的。多数院校目前对教师教学工作评价通常采用统一的标准进行评价。实际上教师的情况具有复杂性，在专业职称、知识结构、科研能力等方面都存在一定的差异。因此，评价要求和指标也应该是不同的，正如我们不能用优秀教师的标准要求所有教师。如果采用分级评价的方法，采用多元化的评价标准，制定科学、适用、形式内容和标准各异的评价表对教师分别进行评价，可能更为科学、合理。例如，对拥有初级职称的教师，应注重考核教师的基本功，注重其传授知识的准确性和连续性，观察其对教学内容难易程度的把握情况，而对其他职称教师的考核和评价，则应根据各职级的特点，分别制定各自不同的评价要求和标准，这样才较为客观。当然，有的院校为了方便起见，评价标准虽然相同，但在等级上进行了区分，已经注意到不同起点的教师在评价尺度上的区别，这种做法也未尝不可。

（2）发展性评价。发展性评价分四个方面：学校发展、教师发展、学生发展和学校自主发展，其分为基础性、整体性和示范性三个层级，这里讨论的是其中的教师发展方面。

提倡发展性评价，就是要以人的发展为指导思想开展评价工作，改变传统的以分数、印象等片面的角度评估教学质量的做法。同时，也要让人们充分意识到，一次的督导评价并不是对教师进行盖棺论定，而是应当通过可持续、全面、自主、动态、和谐的理念帮助教师更好地认识自我，找到正确的发展方向，明确自身特色。

发展性评价更多是为了有效提高教师的教学水平和能力，为了更好地提高学校整体的育人成果。开展评价并不是为了将教师分为三六九等，也不是为了方便奖惩，而是帮助教师正确认识教学现状，积极反馈给教师相关信息，帮助教师更好地认识自我，加强对教学的优化和改进，强调自我反思和民主参与的形成性评价，从而借助外力推动教师进行总结和反思，更好地找到未来职业发展过程中需要改变和提高的部分，从而为个人成长指明道路，不断提高教学实践，提高教师的专业发展水平。在评价方向上，应注重面向未来发展与长远的需要；在评价目的上，应注重个性发展；在评价内容上，应注重全面性和整体性；在评价的主客体关系上，应强调合作，重视自评与互评；在评价过程上，应注重形成性评价；在评价方法手段上，应注重定量与定性的有机结合；在评价结果的使用、处理上，应轻奖惩、重发展。

与传统的终结性评价相比较，发展性评价体系具有灵活性，评价标准具有分级达标的动态性。评价标准要涵盖定量标准，发挥其基本性、稳定性和共性的属性，也要囊括发展要素，突出其个性、灵活性和动态性的作用。要能够充分提高“诊断”的准确性，发挥其激励性、形成性和终结性的特点；既要充分体现评价过程的重要性，也要充分突出评价结果的重要意义；既要重视文字材料，也要加强对教师的生活和工作方面的关注和评价。

（3）差异评价。差异评价与多元评价在某些方面有着相同之处。差异评价承认并尊重教师的个体差异，不用一个标准评价所有的被评价对象。该体系运用个别差异的方法，以个性化的评价标准、评价重点及评价方法，对不同群体进行评价和指导，有针对性地提出改进建议、发展目标和有关要求等。这种评价对新教师与有经验的教师的评价周期不同，新教师的正式评价每年一次，有经验的教师的正式评价每两三年或四年一次。对于不同的教师群体来说，评价标准也是有区别的。例如，新教师随着教学年限的增加，被评价的内容和标准也不断变化。在新教师从教后最初的两年里，要注意保护他们的个性，工作绩效可以放在次要位置，以合格为准；而对有一定经验的教师，考核方面一般比较固定，注重挖掘他们的潜力，工作绩效方面在评价中所占的比重上升；对成熟的优秀教师，在评价中应主要关注他们的示范与创新作用，工作成绩可作为主要指标。另外，还应把教师的风格与特色在评价中作为一个重要评价指标，赋予较大权重，也可以将教师的水平和表现与原有基础进行纵向比较，以发现教师在某一时间周期中的进步和专业发展轨迹。

（4）区分性教师督导。区分性教师督导是美国威斯康星州一所学校于 20 世纪 80 年代提出的一个研究项目。其理论依据是，教师这个整体虽然在一定程度上具有较强的共性，但每位教师都是作为独立个体而存在的，每位教师的个性特点也有所不同，理论知识掌握情况、认知水平、动机、学习方法、兴趣爱好等都存在较大差异，各自的优点和缺点也不尽相同，在教学过程中可能会面临的困难和挑战也存在差异。因此，在面对这些差异时，若采用“一刀切”的教学督导模式，无疑是没有任何作用的。开展区分性教学督导的目的是借助督导人员和教师的相互配合、共同努力以更好地针对教师自身的实际情况开展针对性的督导活动，从而有效地推动教师的个人成长和发展。在实践层面，需要督导人员通过个体差异途径，结合教师群体的不同需求和情况，借助不同的时间安排、程序等，更好地指导和评价教师工作，从而更好地提升教师的能力和水平，更好地为学生提供教学服务。其内容主要是以教学为中心，包含改进教学和评价教学两部分。

（5）专业技能评价。高等院校的教师均应具备一定的专业技能。从理论上来说，教师要求学生会做的，他们也必须会做；教师要求学生掌握的技能，他们也必须首先具备。为了加强教师专业技能和实践能力的培养，促进教师专业技能培养工作的全面开展，不断提高专业教师的技能水平，全面提升教学质量，达到人人技能过关、过硬的目的。近年来，部分高等院校先后开展了教师专业技能过关考核，收到了较好的效果。

高等学院教师专业技能过关考核工作的步骤及相关要求为：第一，系（院、部）填写实验实训项目一览表；第二，系（院、部）拟订考核标准和考核方案，突出“学生会的，教师必须会”的理念；第三，系（院、部）根据实验实训项目的清理情况，制订本单位教师专业技能考核实施方案，明确每一位教师应掌握的技能、项目及对应的课程、考核时间、评价标准等内容。要求所有专业的所有专业课程必须有人负责；第四，系（院、部）成立专业技能考核小组，按照实施方案中规定的时间分别对本单位教师进行专业技能过关考核，所有专任教师都要参加。系（院、部）专业技能考核小组应有行业企业专家参与，考核小组必须按照评价标准对每位教师进行量化考核，评定考核分数。考核结果报教务处、人事处存档；第五，系（院、部）根据本单位专业技能过关考核的实际情况，向学院择优推荐 1—2 名专业技能考核合格且表现特别优秀的教师参加学院教师专业技能展示。

专业技能过关考核的监控方式为：在学院领导小组的指导下，由教务处人事处按照各教学单位报送的考核实施方案，组织学院教学督导委员会成员对各单位的考核工作进行检查。第一，按照各单位报送的考核实施方案，教务处组织教学督导委员会成员参与各单位教师专业技能考核工作；教务处、人事处随机参与各单位技能考核工作。第二，教务处、人事处组织相关专家对教师专业技能进行随机抽查，以此对各单位上报的考核结果进行验证。第三，组织全院范围内的教师专业技能展示活动，以各单位教师专业技能展示情况及教务处、人事处随机抽查的验证结果作为评价该单位教师专业技能过关考核工作的依据。

专业技能过关考核的结果可运用于教师职称评聘、“双师”素质教师资格认定、年度考核优秀评定、“骨干教师”岗位设置改革时职务聘任等方面工作。

二、学生学习效果评价

高等院校的教学质量监控与评价工作，既要重视对院、系（部）研究室和教师的教学质量监控评价，也要重视对学生学习状况和学风的评价。“教学”二字，本来就是由“教”和“学”组成，两者缺一不可。“学”是一面镜子，是对高等院校及各类学校育人功能的一项重要评价指标，是学校育人价值的反映，也是每一个有责任感的教育工作者都应关注的问题。重视对“学”的监控与评价，不仅是对学生及其家长负责的一种表现，更是学校社会责任感的基本体现。因此，“评学”是非常必要、重要的工作，也是近年来高等院校教学评价改革的一个重要方面。

“评学”虽然是高等院校教学质量监控体系的重要组成部分，对了解学生学习状况，促进学风建设，提高人才培养质量具有重要意义。但是，多年来对学生学习状况评价的传统方式大多只是闭卷考试。有专家认为，采用什么样的考试内容和方法，就会产生什么样的教法和学法。由于闭卷考试受题型、时间、试卷容量等客观条件的限制，一般考试内容为各种概念、较简单的理论知识、问答题和计算题。这类考试方式的题型呆板，考的是一些需要死记硬背的条条框框。其结果是，教师教学理念和学生学习观念存在一定偏差，过于重视知识而忽视能力培养，重视死记硬背而忽视创新创造，重视期末、期中考试而忽视日常的学习，到考试时，普遍学生都“临时抱佛脚”，上课时间一味记笔记，考试时过于依赖笔记，考完就将知识“还”给老师了，出现了“一卷定优劣”“一考定终身”的弊端。

有的学生虽然分数考得很高，但实践操作能力较低，操作技能很难与理论考分相匹配，导致“高分低能”现象的出现。闭卷考试涉及内容广度和深度层面都有所不足，缺乏对时间内容的考察和评估，不能客观、全面地突出学生的实践能力、操作能力和知识水平，无法体现创新意识。学习评价还必须重视对学生学习过程的指导和评价，加大对学生各学习环节的关注，尤其要加大学法指导和技能培养的力度。应该认识到，高等教育不仅要出“产品”，还要重人品；不仅要有高技能，还要有高素质；不仅要能就业，还要能够持续发展。因此，我们必须改变传统的评价观念，以学生为主体，以学生的终身发展、健康成长为目标，建立以能力、素质为核心的考试考核制度，发挥评价应有的作用。

（一）基于整体思考的评价观

整体评价观非常注重以人为本，在模式方面，非常强调对学生能力的认定，并以此作为理论依据和基本思路，是开展评价的重要前提和有效基础，评价准则秉持着互动性、连续性、科学性和完整性的原则。

姜大源教授曾经明确指出，近年来，在对学生能力进行评估和考核的具体实践中，出现了一些较为优秀的评价方案，充分贴合高等教育理念，能够加强整体性评价，并且能够获得较好的效果，这些优秀的评价方案普遍具有以下六个特点。

第一，理论与实践的紧密融合。例如，在评价考核方案中，既涉及考查学生认知水平的理论考试，又涉及考查专业技能和操作水平的实践考试。

第二，现场与仿真的紧密融合。例如，在评价考核方案中营造真实和模拟的环境。

第三，过程与结果的紧密融合。例如，在评价考核过程中即设计发现和排除故障为考核标准的测试，有效突出过程性，又设计以功能正常、尺寸合格为考核标准的测试，有效突出结果性。

第四，静态和动态的紧密融合。例如，既开展口试考试，测试学生的知识储备情况和知识应用能力，又设计考查知识深度的笔试。

第五，能力和专业成绩的紧密融合。在评价方案中既考查学生的合作能力和水平、职业道德和素养、工作效果和质量，也考查学生的专业课程、基础课程等的成绩。

第六，就业和教育结构考试的紧密融合。对传统考试方法进行创新，结合就业岗位设计考试办法。

（二）多元智能理论的应用

大学生进入高等学校即开始了由一个学生到一个独立工作者的过渡。在学生的认识和发展上，开始了在教师传授下的教学过程向独立的认识和发展过程的回归，表现为“三个递增”和“三个递减”。即学生的自主作用递增，教学的作用递减；教学的发现性递增，传习性递减；参加直接实践递增，接受间接经验递减。这些常识告诉我们，要坚持学生为主体的教育观念。在引导、指导、帮助学生的过程中，要全面关注学生的人生生涯和职业生涯的发展；要根据学生不同的特长、兴趣、爱好和需求，采取多样化的导学内容、方法和策略；充分尊重学生的个性，拓展学生的才能，挖掘学生的潜能，促进其发展，实现他们的人生价值。

现代学生评价提倡用乐观、积极的学生观和教育观进行评价。近年来比较推崇的便是多元智能理论，也称“多元智能理论”。多元智能理论告诉我们，智力是人的内在功能的外显形式，是多元的、发展的、可塑的。人的才能是多方面的，在人的一生中，智力不断受先天或后天的影响。教育的主要目的不仅是传授知识，还是要对学生的智力进行开发和引导。要充分了解并尊重学生，要公平公正地对待每个学生，要对学生的综合素质进行全面评价，激发学生潜力，培养学习热情，树立自信心，促进学生全面发展和成长。

多元智能理论倡导尊重个体差异、尊重每一个个体发展的思想。该理论认为，在这个世界上不存在谁聪明谁笨的问题，而是一个人和另一个人相比在哪些方面更聪明的问题。每一个学生都可以通过发展自己的优势领域而使自己成为人才。由于每个人的智力表现都有各自独特的方式，而每一种智力又有多种不同的表现形式，因此，很难找到一个适合所有人的统一的评价标准和尺度进行衡量。对高等教育来说，只要是能通过既定的标准就是成功的学生。

基于该理论，在评价学生时，教师应当注重评价的全面性和客观性，不仅要关注考试成绩，也要关注其个性化的发展。高等院校学生培养中，要加强对应用和实践能力培养的侧重，帮助学生积累生活经验，获得好的学习方式，积累社会阅历，提高沟通和交流能力，从而进一步推动学生的持续发展。教师应当善于从

多角度对学生进行观察、理解和评价，要善于发现学生的优点，善于挖掘其潜能。在实际工作中应当注意以下六点

（1）评价主体多元化。评价主题不应是单一的，而应是多元化的，辅导员、任课教师、实践指导教师、学生家长等都可以成为评价主体。评价信息的来源也应是多元的。既要有学生的自评，也要有学生之间的互评。评价主体的多元化，可以从多方面、多角度对评价对象进行评价，可以使评价更全面、更客观、更科学。同时，评价对象的主动参与体现了他们的主体地位，有利于学生对自己的学习活动进行反思，有利于锻炼学生自我调控、自我修正的能力。

（2）评价标准多元化。评价体系应当囊括对学生个人能力和素质、知识水平等的综合评价，要有效提高评价方式、评价过程、评价内容、评价手段等的多样性。在评价过程中既应当加强对学业成绩的考查和评估，也要加强对学生心理素质、学习习惯、审美水平、身体素质、兴趣爱好、专业素养等的考查和评价。要坚持多样化评价、多元评价和动态评价的基本原则，使成绩考核更贴合学生的真实水平和职业能力。例如，在考核学生的实训课水平时，教师既可以要求学生进行实际操作和演练，根据学生的表现进行赋分；也可以邀请行业专家结合具体课程进行命题，从而有效突出实际应用和理论内容的融合度；还可以对较为重要的专业基础课考核模式进行创新，不再使用闭卷测试的方式，而是引导学生撰写论文，让学生能够自由发挥，以便更好引导学生思考，加强他们对问题的分析和应用。根据不同学生的不同发展状况，坚持从不同的侧面评价学生，用“多把尺子”评价学生。还要兼顾不同水平学生的发展需求，根据因材施教的原则，为不同层次的学生制定有个性化要求的评价内容。采用适合学生特点的个性化的评价方法与形式，面向学生的未来发展需要，创造条件让学生接受不同的层面上的评价。

哈佛大学原校长德里克·柯蒂斯·博克（Derek Curtis Bok）认为，哈佛大学在300多年的办学历史中，最成功的不是培养了8位美国总统，也不是培养了37位诺贝尔奖获得者，而是“让每块金子在哈佛闪光”。有鉴于此，在对学生的评价中，我们也可以“多几把尺子量学生”，通过多元评价标准发现每一个学生身上的每一个闪光点，并使之发扬光大。这样做，既有利于学生扬长避短，也有利于学生全面发展。

（3）评价方式多维度。要采用定性评价、定量评价及两者紧密融合的方法；采用多元化的评价方法，如技能测试、毕业论文、实践性活动、集体性活动等多种途径；要将口试笔试和动手实践紧密结合起来；要将毕业论文、实习报告等紧密融合起来；要将闭卷开卷紧密融合起来；要纳入社会人员、学校教师等的综合评价；要将同学互评和学生自评紧密融合起来。不再采取单一的书面考试模式，而是采取多元评价方式，围绕提高学生的职业能力为核心，通过行业考核、技能考核、理论考试相互配合的模式更好地对学生进行评价。在评价时要充分纳入相关能力要素，要将技术等级证书、职业资格证书等纳入评价中，从而更好地提高评价的效果和作用。要加强对工作现场考核的重视，引导学生创作有新意的作品以更好地展示自我。

媒体开展的关于高校毕业生毕业论文的讨论也反映了多维度评价学生的趋势。四川大学等部分高校对毕业生毕业论文作出新规定：在能够保障质量的基础上，毕业论文可以进行优化和创新，既可以采取传统模式，也可以进行创新、创造，使用能够体现出学生能力和素养的调研报告作品或竞赛结果等。四川大学袁校长谢和平认为，一方面，多样化照顾了不同学生的个性特长，其本质是以人为本；另一方面，多样化更能考查学生的真才实学。四川省教育厅副巡视员周雪峰表示，教育部门设置毕业论文的目的在于检验大学生的学科知识、学习能力、创新思维等综合素质，简单地取消毕业论文，肯定不妥。但是，对这些素质和能力的检验并非只有毕业论文（文字文本）这一种形式，调研报告、新闻作品、文艺作品等形式的毕业论文（设计）也能达到这一目的。

（4）评价态度多鼓励。对高等院校的学生来说，他们中的不少人已经有过多次的挫折经历，他们缺乏的是希望和自信，应当加强对学生的鼓励，帮助学生树立自信心，让学生能够正确地看待自己，用今天的自己与昨天的自己进行比较，能够更好地认识到自己的进步，也能更好地体会到付出就会有收获的真谛，从而更好鼓励学生积极向上。要善于引导学生的个性化发展，能够看到学生身上不一样的闪光点，及时对学生进行引导和帮助、肯定和鼓舞，让学生能够感受成功的魅力，也能帮助学生更好地增强自信心，让学生更加坚定地朝着正确的方向发展。

（5）评价重点在过程。由于学习活动是一个动态的过程，因此还应该重视对学习过程的评价，以及实现过程评价与结果评价相结合。要加强对学生的肯定，无论是学生的思想品德有所提高、技能水平有所提升还是理论学习有所进步都应该得到老师的肯定和表扬，从而增强学生成就感，提高学习动力。利用学期德育考核和各种成绩评定、技能竞赛活动，定期让学生进行个人发展的纵向比较，从学习过程的发展中看到个人的进步轨迹，让学生的学习过程成为快乐的成长过程。

（6）评价结果重发展。评价的结果并不是只给学生一个等级或分数，也不是只作出简单的结论，更不是把学生与学生进行比较后将他们划分几个类别。现代化评价更加提倡的是对学生的过去进行充分了解，正确认识并重视学生的当下，加强对学生未来的关注。通过评价要能够使学生有所进步和发展，也要使学生的潜力得到充分挖掘，充分突出他们的闪光点和优势，满足学生在发展过程中的需求，帮助学生更好地开拓潜力、发展优势，获得更好的成长和发展。

（三）学生成绩评价及改革

经过多年的实践，人们发现学校虽然有着较完备的考试体系，如小测验、单元测验、课程结束测验等，还有期中考试、期末考试、毕业考试等，教师对考试和测验也都有着较深的研究和造诣，但是学生步入工作岗位后，评价标准是能力，是适应岗位工作的本领，然而不少学校的评价标准与用人单位的标准相去甚远。很多在校成绩很好的学生在后来的工作中表现平平，而一些当年在学校成绩、表现并不出众的学生却有了较大的作为，这种现象已引起了越来越多人的关注。作为教师，应该对此现象进行反思，进而思考学校对学生的评价方式。有专家曾经尖锐地指出，连续多年的考试在一定程度上是学生和教师之间的游戏，教师所考查的内容实际上是教师在课堂教学过程中教给学生的内容，并不能够在一定程度上反映社会的实际需要。当然，考试不能不要，但重要的是应该研究考试在新形势下、在高等院校教学中的价值、作用及其改革，应该研究对学生的考核和评价如何才能适应人才培养和用人单位的需要。

考试并不是教学的最终目的，而是为了更好地提高人才培养能力和水平的有效手段。通过实施考试，最终目的是更好地提高教学质量，培养学生的创新能力和意识，促进学生的个人成长和发展，提高学生的综合素养和水平。高等院校应当充分结合自身特点和定位，围绕提高学生能力这一目标，构建更加科学合理的专业考核和评价体系，要加强对考试的改革和优化，要着重突出对学生创新能力和实践精神的培养，考核评价途径也要更加侧重于鉴定学生的实用能力。具体做法主要有以下四点。

第一，考试内容要注重理论与实践。考试内容应当涉及考查学生的理论知识掌握情况和基本技能水平，更要注重培养学生利用所学到的知识对问题分析和探讨的能力的提升，要尽量减少死记硬背的内容，加强对学生理解能力、分析能力和应用能力的考核和评价。命题涉及的内容应当多侧重于学生对知识的灵活应用、对问题的分析和解决能力。尽量减少考查学生记忆水平等的命题，使得命题的创新性和开放性得到有效凸显，从而通过考试能够更好地检验学生的个人能力和素养，更能反映学生的综合素质。对专业课程进行评价时除了要考查理论知识的掌握情况，还要侧重考察学生的实践技能。

第二，命题类型要多样化发展。通过对题型进行创新，真正发挥考试对教学的促进作用。不同类型的命题对学生的考查方面也有所不同，因此要加强不同类型命题之间的相互配合。要通过命题考查让学生有效培养分析和理解的能力；要充分发挥不同命题的最佳测试点，使不同命题之间能够优势互补，更加全面地考核学生。此外，命题选择应给予学生一定的空间，让学生能够更全面的呈现自我。

第三，形式选择更加多元化。进行考试评价的方式非常多元，如期中考试、期末考试、日常作业、读书笔记、单元测试、实践操作等。教师可以充分结合不同考试形式进行有效的选择或组合搭配，从而更好地引导学生创新、创造，培养学生的质疑精神和表达能力，让学生对知识更好地融会贯通。

考试由闭卷到开卷的过渡，以能体现柔性化、人性化、弹性化的做法为宜：①形式上的开放：闭卷和开卷相结合，纸笔考试与其他考试相结合；②试题的开放：要求学生提出自己的观点、见解或主张，创造性地解决问题；③答案开放：答案是方向性的、原则性的、参考性的，而不是唯一的、标准的。

此外，有的学校尝试开展了“选择性考试”，做法是：在试卷的选择方面，采用一试多卷；在试题的选择方面，在同一试卷中设计一定的可选择题目，供学生选做；在考试时间的选择方面，学生对考试成绩不满意时可以申请重考，在多个考试项目中学生有选择考试时间的机会。做到“四不同、四贴近”：根据不同的班级选择不同的考试要求；根据不同的专业选择不同的考试时间；根据不同的课程选择不同的考试形式；根据不同的企业要求，选择不同的考试内容，以此达到贴近教师、贴近学生、贴近专业、贴近企业的要求，让学生通过自身的努力，都能得到发展。

第四，创新模式，打破传统模式。B 高等学院的一位老师提出了以下富有新意的考试模式。一是举办“期首”考试。主要是指在每个学期开学之后立刻开展考试，通过实施这种考试模式是为了更好地解决当前普遍存在的问题，如大部分学生在期末考试之前的一个月左右的时间会疯狂进行复习或补习，希望能够取得较好的期末考试成绩，而在考完之后则会将知识忘到脑后，影响下一学期的学习效果和质量。举办“期首”考试需要进一步取消降级、留级制度，取消补考制度，实施重修制度。

二是开展诊断性和阶段性的考试。根据不同学科的教学目的及教学内容的不同，实施诊断性、阶段性、终结性等丰富多元的考核模式，从而更好地发挥考核的评价和诊断作用，更好地将其反馈给学生，还应当积极宣传行业认证考试，帮助学生更好适应社会发展的需要。

三是开展免监考考试。在考试过程中不配置监考人员，教师或其他人员可以随意进行巡视。这种做法实际上就是将每一个人都升级为监考人员，所具有的含义已经超过了考试本身，通过实施这种模式能够有效提高学生的自觉精神和品质，让学生更好地认识诚信的意义，也能更好地增强学生的集体荣誉感，帮助学校营造良好的风气。因此，这种模式具有较强的生命力，能够更好地推动教育与考试的紧密融合。

四是让学生考学生，即让学生自己出考题考自己。其目的是培养学生的思维能力和知识运用能力。评分标准根据学生命题程度的深浅、灵活性、难易程度而定。这种考核方式源于“会出题比会做题更能培养人的能力”这一理论。数学家华罗庚曾经说过，有的时候是出题困难，解题易，命题本身就包括思考解题的方法，此时，难的不在解题，而难在怎样想出题目。

五是“一页纸开卷考试”或“半开考试”。主要是指在考试过程中可以允许学生带一张纸进入考场，这张纸的正反面都可以写与这一课程相关的信息。对这张纸所记录的信息多少不进行限制，但只能通过手写的方式，不可附有图片或复印的内容，在考试结束之后需要将试卷和这张纸一同上交。从表面上看，这张纸是学生的小抄，但从实际上分析，可以发现学生整理这张纸的过程实际上就是其对该课程进行梳理的过程，能够更好地帮助学生加强对课程重难点的分析和把握，帮助学生构建知识体系，加强课程学习效果和质量。同时，有些课程所涉及的公式相对较多，让学生记录到纸上能够节省学生背公式的时间，让学生有更充分的时间进行思考和总结。

六是成绩结构要突出过程和结果并重。要摒弃通过一场考试对学生进行定义的模式，除了要参考考试成绩，还应当注重学生在日常学习中的表现，包括作业完成程度、课堂活跃程度、学习纪律遵守程度等，从而更好地突出学习过程的重要性，让学生充分重视学习过程，把握好每一天，从而获得优秀的考试成绩。因此，应当加强对学习过程的考核和评价，要通过多种方式了解学生日常的具体表现，从而更好地提高评价的全面性和客观性，也能有效地调动学生的学习热情。

七是成绩评定要定性与定量并重。试卷质量分析、成绩评定、监考、命题是组成考试工作的主要环节，在一定程度上也会影响考试的效果和质量，影响考试评价的科学性与合理性。因此，必须充分重视成绩评定，要充分结合不同的教学目标、考核形式、教学进度等，选择合适的评分方法，从而更加全面、合理、客观地评价学生的具体表现。

八是考后讲评要矫正和反思并重。目前部分高等院校在考试结束后，忽视讲评和分析过程。对多数学生来说，认为考过了就过关了；对部分教师来说，认为教过了就是又完成了一次任务。这样做，实际上大家都放弃了一次很好的反思和提高的机会，因此，必须加强对考试结果的重视，加强分析和总结，从中找到有益的信息，更好地反馈到教学活动中，有效地提高教学效果和质量。学生应在教师的引导下加强对答卷的剖析，找到自己存在的问题，找到自己与他人之间存在的差距，从而不断改进，不断提高自我。教师也应当善于从考试试卷中进行信息挖掘，找到其中所蕴含的规律，更好地应用于后续的教学过程中，从而有效地提高教学效果和质量。师生分别从各自的角度进行反思、总结，同样可以实现教学相长。教学管理部门应重视此项工作，无论是理论考试还是技能操作考核，都要及时安排专门的时间落实这一环节，并做到长期坚持。

九是在激励机制方面应做到激励与引导并举。要积极借助多种方式，加强对教学评价机制改革重要意义和必要性的广泛宣传，从而营造良好的风气，让每个人都能充分重视改革并积极参与到改革过程中。在这种风气的影响下，参与改革的实现者必然会更有信心，更加坚定地投入时间和精力，从而有效地提高改革效果和质量。要充分结合按劳分配的基本准则，对参与改革的实践者进行充分的肯定，并在利益分配层面有所突出和体现，从而更好地激励人们参与改革。有条件的院校可以设立“教学评价改革专项基金”，以吸引教师积极投身于教学评价改革的研究工作之中。例如，可以明确提出，可将研究形成的科学的教学评价模式作为教科研成果给予奖励，把教学评价改革作为教学规范的内容之一，纳入教学基本建设工作之中。

（四）学生职业能力评价

高等院校应当加强对学生职业能力培养的重视，有效提高学生的职业素养，要充分重视职业资格证书，引导学生积极参加职业资格考试，在毕业时能够获得执业资格证书和学业证书，证明自己的职业能力和素养，以便于更好地进入职场。在进行“校企合作”培养人才的大背景下，要做好“工学结合”人才培养模式下的学生职业能力评价。

第一，要充分参考工学结合评价体系，建立与之相匹配的模块化课程体系。在这一体系中并不是根据课堂时间的长短进行授课或学时分配，而是根据技能模块的影响和意义决定学时分配，从而有效地提高学生的技能水平，帮助学生更好地成长和发展。教师也应当充分结合不同技能模块设立更具有针对性的考核标准，对学生的各方面能力特别是职业能力进行更有效的评价。

第二，要积极引入评价人员，特别是要加强对企业优秀人才的引入，以此提高评价标准的科学性和评价体系的完善性。学校应当加强与企业的友好合作和沟通，积极引入优秀骨干力量到评价活动中，站在企业用人的角度，对评价指标进行优化和完善，也充分结合社会需求和市场的动态变化对评价指标进行调整，从而最大限度地确保评价结果能够反映学生的职业能力和就业竞争力。

第三，丰富评价方式。特别是在一些生产实训模块中，在对学生进行评价时不必要采用及格与否的评价指标，而应当更注重于考查学生的会与不会，要通过考查项目更好地反映学生的动手实践能力和水平。这就要求教师要打破传统思想，积极转变评价理念，不必要将更多注意力放置在考查学生的知识记忆效果上，而应当更加侧重考查学生的动手能力和知识应用能力，更好地反映出学生会做和能做的事。

在对学生的职业能力进行评价时，要更加突出评价的过程化，不应将过多的注意力放在最终结果上，而应当更加侧重于整个过程，确保对学生的评价贯穿于整个教学活动中；根据具体教学安排和内容设计评价活动，不被学年、学期所限制，从而有效突出评价的灵活性和有效性；也要重新对课程资源进行优化和设计，要围绕技能培养、设计考核模块，从而更有针对性地设计考核方式和时间。

评价方式的多元化应当充分突出书面与实践考核的紧密融合，且在两者之间要更加突出实践考核。特别是对于工学结合的课程，应当更加考查学生的实践能力和水平，设计笔试内容时多以选择题或问卷的形式为主，而对于实践考核内容则应当侧重于学生的实践能力和任务完成度，可以将学生代入企业员工的角色中，根据学生的表现授予学生岗位工资，根据学生所获得的工资高低对学生的表现和能力进行评定。

要不断丰富评价主体。一方面，要突出实践教师、专业任课教师的评价，充分听取他们的意见和建议，更好地了解和分析学生的能力和素质；另一方面，也要充分引入企业指导人员、实习中所面向的人群等主体，从而更加全面、客观地了解学生的具体表现，通过多个角色的意见和反馈更好地了解学生的能力和素养，更好地评价学生的职业能力。同时，还应当充分引入学生自评。在结束每个模块的学习后，可以引导学生写述职报告，在述职报告中详细记录学生通过本阶段本模块的学习所获得的知识和提高，也可以反思和总结在本模块的学习过程中存在的问题和不足。这种自我评价实际是自我总结和反思的过程，有助于学生更好地成长和发展。

要充分突出评价过程的合理化和规范化，要将职业能力评价融合和贯穿于整个学习过程中。评价体系的科学性和有效性在一定程度上取决于学生、教师、学校对评价体系和评价指标的认可程度，也取决于学生、教师、学校的支持和遵守。具体应做到以下五点。一是应当确保三方都能了解职业能力评价体系内容，可以将其写入工作计划或学生手册中，确保三方都能进行充分了解，避免因知之甚少而影响评价参与力度。教学管理部门也应当对相关体系进行制度化建设，形成规范文件。二是在对学分分配、课时设计和课程开设进行规划时必须充分突出职业能力这一核心和重点，并围绕其开展。三是学校所制定的职业能力评价体系中所涉及的标准和内容应当与社会中普遍认同的职业测评呈现一致性和趋同性的特征，以此更好地突出评价体系的职业导向性，也能更好地调动各方参与的积极性和主动性。四是学生在各个指标中所获得的成绩应当进行交叉、复核，且积极公开，增强评价活动的透明性和公平性。五是要不断突出职业能力评价的结果导向性，要将其与学生的毕业、推优等紧密联合起来，让其成为重要参考依据之一，从而有效提高学生的重视程度，有效调动学生参与的积极性。

（五）学分制及改革

近年来，高等院校大多采用了学分制。学分制的实施有利有弊，其中一个问题就是课程及格后的成绩在学分上缺乏差异性，这个问题已经引起了不少学校的关注。据报道，学生考试得 60 分与 90 分，今后得的学分将会不一样，考得好的学生最高可在课程规定的学分基础上，额外获得 50 % 的奖励学分。2009 年 11 月 5 日，武汉科技大学中南分校公布了《素质学分制暂行规定》，与《素质学分制暂行规定》相配套的《学籍管理规定》也同时颁布实施。据了解，武汉科技大学中南分校在高校传统的学分制基础上推出了素质学分制。学生需要修满人才培养方案规定的最低必修学分、最低创新学分和最低总学分才能毕业。这些新规定将在大一学生中推行。按照规定，大学期间所有课程都可以通过成绩换学分，学生想要获得更高的学分就必须取得更好的成绩；同时也设置了奖励学分，结合课程本身的性质，更侧重于必修核心课程。若学生的考试成绩在 79 分以下，只能获得基本学分，如果学生的考试成绩在 90 分以上，那么在获得规定学分的前提下还能获得最高 50% 的额外奖励学分。为了更好地匹配“成绩换学分”制度，武汉科技大学中南分校还创造性地提出了弹性学制，也就是说四年制本科的弹性年限为 3—6 年，学生可以根据自己的实际情况选择提前毕业或推迟毕业。《学籍管理规定》明确规定：“特别优秀的学生可提前毕业，提前毕业的学生必须修满正常毕业学分的 120 %。”武汉科技大学中南分校提出的创造性措施和制度是对学生的警醒，也为其他院校提供了参考。

（六）学生综合素质评价

1. 综合素质认证

综合素质认证主要是借助素质拓展证书对素质拓展具体情况和信息进行记录，最终结果是获得《大学生素质拓展证书》。该证书是对学生在校期间素质拓展情况的记录，内容为学生参加素质拓展的各种活动和工作项目，涉及技能培训成效和情况、社会工作开展情况和社团活动参与情况、学生身心发展情况和文体艺术情况、创新创业情况和科技学术成果、志愿服务参与情况和社会实践开展情况、道德修养水平和思想政治高度等 6 个层面，当毕业后，学校会将证书打印出来，盖上相应印章发给学生。大学生素质拓展及认证工作近五年来不仅在一些重点高校得到了开展，在不少高等院校也得到了广泛的推广。各校大多成立了专门的机构以加强组织领导，并且制定了相应的实施细则和办法。学生通过参加素质拓展活动，一定程度上提高了综合素质。

2. 综合素质质量化评价

综合素质评价所涉及到的要素（元素）主要有以下五个方面：

第一，道德品质与公民素养。这是对学生世界观、人生观、价值观的了解，包括遵纪守法、文明行为、职业道德、团队意识、关心集体、积极参加公益活动人文素质、审美意识等内容。第二，交流与合作能力。这可以观察学生的适应能力，包括人际交往、社会适应能力、组织管理能力等内容。第三，学习能力及职业素养。这可以观察学生的职业能力，包括学习态度，科学文化素质，专业知识与能力，与专业相关的职业思想、责任心等职业素质，外语及计算机能力，分析与解决问题的能力，职业技能，社会实践活动等内容。第四，身体与心理素质。其可以观察学生的生理心理状况，包括身体健康状况心理健康状况、卫生习惯、劳动态度、一般劳动技能等。第五，个性与创新素质。其可以观察学生的个性，包括兴趣、爱好、意志品质及个性特长、信息素质、创造性思维能力、开拓创新能力等。

以上因素基本包含了一个人必备的素质和能力，是对一个人是否学会生存、学会学习、学会做事、学会合作、学会做人等方面能力、素质的较全面的考查和评价。在这些因素中，有的应作为必选因素，有的可作为备选因素，有的则属于任选因素。至于应该如何选择、如何组合，不同的评价者有不同的看法，各地的做法也不一样。对高等院校的学生来说，综合测评不可能也没有必要如此面面俱到，应结合学生在校的年级（这样基本可以与学生年龄因素对应），结合地理因素和学校实际，找出对学生成长影响较大的，并通过学生的努力能够实现的而且可以进行量化操作的内容和指标作为评价元素，再根据各元素的地位，确定各自的权重。遵循可测性、可行性原则，将学生综合表现中确实可以量化考核的内容列入指标体系，而对难以考核而又确实应该评价的元素则采取定性的方法进行评价。

量化考评可以采取以下两种方式进行：一是学生自评—等级评定—学生工作处审定；二是班级评定—向学生公布并征求意见—采纳合理意见并进行调整—辅导员（班主任）及学生工作处审定。

为了保证评价结果的公正性，学校应制定相应的监控保障制度和管理办法，要采取多种形式对学生开展诚信教育，引导学生以事实为依据，客观公正地开展自评和互评（他评），保证评价工作的规范性。把综合素质评价的“暗箱操作”变为阳光操作，把标准、操作程序、评价人员、对人员的要求和评价结果公开，对学生自评和互评有影响的信息，也要按规定在一定范围内公开；有关证明资料应查有依据；利用网络和多种形式对评价结果进行公示，发动学校师生甚至社会力量共同监督；对弄虚作假、营私舞弊的人员，按规定及时查处。

对学生综合素质量化评价结果的传统运用方式为：将考核的结果记入学生成绩及学生表现登记表，作为升留级的主要依据；作为评定三好学生和奖学金的依据；作为向用人单位推荐毕业生的重要佐证材料。

近年来，随着教育观、学生观等观念的更新，对学生综合素质测评结果的运用也发生了根本性的变化，由激励作用向引导作用转变，测评的根本目的并不是为了证明哪些学生是最优秀的，进而给予奖励激励，而是为了让学生通过综合素质测评，全面地了解自己，明确自己的长处，激励自己在今后更好地保持和发扬，让学生看到自己存在的不足，进而加以改进，对学生的行为起到引导作用，帮助学生成才。

有的院校还开展了学生质量跟踪评价，从学生一入校就建立了学生学习发展档案，内容包括学生基本信息、家庭情况、入学各科目成绩、身体状况等；入学以来学习态度及表现、课程作业、测试试卷、实验报告、各学科成绩；研究报告、调查报告、撰写的论文和发表的文章；参加社会实践和公益活动情况；媒体资料及取得的成绩和荣誉等。让学生平时及时记载，然后每学期一小结毕业时进行全面的总结。这种评价法与我国中小学广泛开展的档案袋评价法类似，它通过有目的地收集学生的作品和记载学生的各种表现，用以反映学生在特定领域的努力、进步和成就。当然，档案袋并不是“仓库”或“资料库”，它的收集是有目的的，不是学生的任何材料都可以放入其中的。有人把档案袋评价用的档案分为“成果型”“过程型”“综合型”三种类型。这种评价的主体也是多元化的，教师、学生本人、学生家长和学校管理者及其他学生都可以是评价者，当然也可以参与档案袋资料的收集。它的优点是有利于学生的自我评价与反思，培养他们学习的自主性和自信心，让学生体验成功，感受到自我成长与进步的快乐。另一个层面，这种档案袋在一定程度上也是非常重要的评价材料和信息，能够更好地帮助教师、社会等全面、客观地了解学生，评价学生。高等教育工作者也可以充分了解和参考该评价方式，提高评价效果。

3. 毕业生综合素质答辩

多数院校在学生毕业时均安排了毕业论文答辩，而对毕业生综合素质进行答辩的还不多，但有的学校在这方面已经有了较成功的经验。在学生毕业之前，学校组织进行专业论文答辩和综合素质答辩，对毕业生实施成人成才的“双答辩”其具体做法如下。

为了有效提高综合素质答辩工作开展效率和质量，应当加强对各个环节的要求和标准。在撰写论文这一环节中，要求学生撰写答辩论文，字数保持在两三千字左右，要求学生在答辩论文中书写其在校期间的成长和改变，在学校期间最为骄傲的事情和最为遗憾的事情或者在整个学习过程中心态的变化，对成功和失败的看法，以及在面对困难和挫折时是如何面对的，也可以书写自己的学习或生活感悟。在论文评审这一环节中，主要由评审委员会来负责，他们需要对学生所提交的答辩论文进行评阅和审核，根据学生答辩论文的实际情况提出审阅意见。在审阅过程中若发现学生存在不用心、论文质量较差的情况，也需要明确指出其存在的问题和不足，并且有针对性地提出改进意见。综合素质答辩的最终成绩由毕业离校表现、交流答辩、书面总结、现实表现等组成，其中德育答辩应占比30%，德育论文占比20%，现实表现占比40%，学生在毕业离校期间的具体表现占比10%。对学生的最终成绩进行分档，超过90分即可获得优秀层次，75分以上则能够获得良好层次，60分以上为及格层次，低于60分则为待考查层次，对于这部分学生应当设置补考，让学生再次参与答辩，若第二次答辩也依旧不合格则需要按照结业处理。

近年来，学生综合素质测评工作虽然取得了一定的成效，但和其他任何工作一样，如果没有科学、合理的导向，没有扎实、认真的作风，没有符合实际的测评体系，没有对所出现问题的及时研究和改进，只是追求新意，赶时髦，那么也只会昙花一现，中看不中用，甚至出现“劳民伤财”的结果。要将综合素质测评工作有效地、持续地推行下去，必须注重对测评目的的正面导向，评价体系中的指标表述也应具有正面导向作用。操作中也应注意重视过程对学生的引领作用，淡化结果对学生的区分，以对学生的行为起到积极的引导作用；测评元素的确定必须科学严谨，符合被测评学生的实际，且具有差异性，有利于提高学生的基本素质，促进学生的身心发展和个性发展，尤其是有利于促进全体学生的发展；既要保留必需的、传统的评价因素，也要注意根据发展的形势，吸取新的评价因素；在知识、能力、素质并重的思想的指导下，关注学生对知识的运用能力和社会适应能力的表现；不断改进测评工作，使测评方案更加科学、合理、实用，做到定量测评与定性测评相结合，使测评工作在促进学生发展方面收到实效，更好地发挥育人作用。

（七）学风评价与督学

学风评价主要是评价学生的学习态度、学习风气、学习纪律、学业成绩等，也包括对教师导学及助学、学生学习小组协作学习状况、试卷与毕业设计（论文）抽查、考场与阅卷场所的巡视，对学生实习过程、实习报告、毕业设计（论文）的检查，对教风、学风中出现的重大问题进行的调查研究。对学生班级综合情况及学风的评价，应由该学期为学生班级担任教学的所有任课教师参与，在课程结束前或一个学期结束前，填写《任课教师评学表》，就班级的班风、学风、创新精神、团队精神等方面进行评价、测评，也可请督导员老师在每次听课后填写评学表，对听课班的学风评价。

在进行学风评价的基础上，应同时开展“督学”工作，对学生的学习活动进行检查、督促和指导。学生是学习活动的主体，是体现人才培养质量的载体，因此，督学是学校教育工作的重要组成部分。需要强调指出，督学绝不只是督导机构和督导人员的工作，而应该是全体教育工作者的任务。督学主要包括两个方面：一是通过加强与学生的沟通，对学生学习的主动性、学习方法、学习效果、技能培训、职业能力和综合素质等进行检查和评估，提出建设性的意见。二是督促、指导学生学习，树立良好的学风，调动学生学习的积极性，不断提高学生的综合素质。引导学生正确处理思想品德与专业技术、学习与社会工作、交友与恋爱等常见问题。引导学生走自理、自立、自主、自强之路，实现人生目标。督导人员在工作中不仅要亲自“督”，也要关注学校的教师怎样“督”，还要引导教师重视“督学”、做好“督学”，让学生把时间和精力集中到知识的学习与技能的训练上来。

（八）毕业生质量追踪评价

大部分院校所开展的学生评教往往以在校学生为评教的主体，对于已经毕业的学生的调查追踪却相对较少，通过各媒体的报道可以了解到，在部分已开展此项工作的高等院校中也存在“应景式”的工作表现，有的只是把它用来应付上级教育行政主管部门的工作要求，追踪评价工作不扎实、不深入、不具体，成效甚微。由于认识观念不到位，所做的工作也只是为了追踪而追踪，满足于表格和数字，有些院校甚至还出现了弄虚作假的行为。究其原因，一方面，主要是因为学校的主观理念存在偏差，没有意识到毕业学生的意见和建议反馈的重要性，缺乏对毕业学生追踪调查的重视；另一方面，则是由于技术层面和资金层面存在不足，很难开展具备一定效用的追踪调查。毕业生是在学校经受过教育、在社会中经历过磨练的人，对于学校的教学活动非常了解和熟悉，对于教学氛围、教学方法、教学风气也有较为深刻的了解和认知，同时在工作中对自己所学习的知识有一定的检验，更清楚、了解学校的教学水平，也更明确在教学过程中哪些内容是重要的。通过毕业生的反馈能够更好地了解好的教育教学是什么样的；通过认真的追踪，可以了解学校所培养学生的质量现状；通过毕业生的“现身说法”，可以直接了解学校教育教学工作的得失；通过用人单位的评价，可以发现存在的问题，并进行反思和分析，从而采取及时的对策和措施。此外，毕业生质量追踪评价对毕业生流向及专业办学前景等也都有很重要的参考价值。因此，如果能够充分纳入毕业学生的评价，将有效提高评学评教等活动的效果和质量，也能更好地帮助教师发现教学上的不足，找到正确的教学方向，提高学校整体的教学效率和质量，提升学校的整体竞争力。

学校应当建立健全毕业生跟踪调查和追踪评价制度，积极开展相应工作。对毕业生的追踪评价具体可以通过了解毕业生就业后所从事的岗位情况、工作能力和素质提升情况，在工作过程中所取得的成绩，在工作过程中遇到的重要问题及解决方式、当前的竞争力和薪资待遇等，可以与毕业生进行面对面的沟通和交流以了解相关信息，也可以通过与毕业生所求职的公司进行对接和访谈，从而了解更加全面的信息。对毕业生质量的追踪评价难度相对较大，对各个环节的要求相对较高，只有全面、客观地获得相关信息，才能真正发挥这一制度的作用和价值，也才能为高等院校的教育教学提出更有针对性和价值的建议，更好地提高整体的教学效果和质量。因此，应该正确理解毕业生质量追踪评价的意义，并把这项工作当作一件非常有意义的工作认真做好。

第三节　课堂教学质量评价与实践教学质量评价

一、课堂教学质量评价

课堂教学质量监控与评价虽然处于教学质量监控与评价体系中一个较低的层次，属于微观评价的范畴，但却是教学质量监控与评价中最常用、最基础、最重要的监控评价，同时也是教学研究中最重要的课题。由于课堂教学评价涉及的因素较多且复杂，评价中的随意性较大，针对性和科学性较差，所以，尽管人们对课堂教学评价研究的时间最长、研究者最多，各级各类学校、教育行政部门和教育研究机构多年来在课堂教学质量监控与评价方面也开展了大量的研究工作，也取得了很大的成效，形成了不同样式、多种版本的评价模式和指标体系，并以此对课堂教学和学校的教学质量进行质量监控与评价，收到了较好的效果，但课堂教学质量评价至今仍然是需要不断进行研究和探讨的重要课题。

不同的历史时期对课堂教学的评价标准也不同，不同时代的课堂教学评价标准反映了特定时代的教学观，也引导着课堂教学改革向不同的方向发展。综观历史上教学观的发展，大致可以将其概括为两种基本认识，即以教师为中心和以学生为中心的教学观，与之相对应的是两种不同的评价标准。当前，教学理念逐步由以教师为中心向以学生为中心过渡，人们越来越关注人的生存和发展，越来越注重发展的人性化和个性化，课堂教学也逐步从教师讲、学生听转变为师生互动、双向交流的模式。此外，在抓好精品课程建设的同时，抓好精品课堂的建设，使教学质量建立在每一节精品课的基础之上，通过对每一节课的评价，抓好每一门课的评价，进而使提高教学质量的理念从宏观到微观得到根本落实。

课堂教学质量监控与评价是对所有课程课堂教学过程中具体教学状况的质量监控与评价。这一评价更加侧重于过程性，具体可以包括教师在教学过程中教学内容设计和选择的科学性与否，是否结合教学内容选择了合适的教学方法，能否在教学过程中积极应用数字媒体，能否通过课堂教学实现教学目标，能否积极反馈教学信息等。在设计评价指标时要充分结合本科院校的相关经验，体现高等教育的共同规律，也应当加强对中职院校经验和做法的学习，突出高等教育的特色。在教学内容设计层面要突出理论知识和专业技能培养相结合，在这些方法的选择上要更加突出多样性，要善于引导学生思考，给学生留下充分思考的空间，要积极增强师生之间的互动和交流，要积极开展案例教学方法，帮助学生具象理论知识，要加强模拟教学，增强学生的沉浸感和体验感。在教学效果层面要更加注重提高学生的理论知识储备、专业技能培养和个人素质提升。评价者在进行评价时要直接、明确地表达建议和意见，要更加侧重于课堂教学存在的问题和呈现的典型特点。

好的课堂教学评价应该是客观、公正、科学的评价。除了要求评价者本身对其专业或相近学科具有较高的学术水平、高尚的思想修养和良好的职业道德，还需要做好充分准备，处理好一些具体问题。义乌工商职业技术学院王成轩教授对此总结了以下三个环节。

第一，课前要“有备而来”。听课教师要在开展听课之前做好功课，要了解自己所听课的任课教师、班级、年级、学科等，也要加强对所听课内容的了解，若非本学科教师，听课教师则需要加强对教材的了解和阅读，要能够结合自己的观点和想法对教学思想进行构思，做好充分的准备后再进入课堂听课，避免在听课过程中“不知所措”，浪费时间和精力。

第二，在课中，要做到“品头论足”。在听课过程中要保持高度的信息敏感度，要重点观察教师在教学过程中所使用的教学艺术，在教学过程中对基本原则的掌握情况及师生之间的互动和交流情形，听课教师在记录的过程中也需要进行评论，表达自己的独到见解。听课笔记中可以积极创设“三位一体”的格局，不断保持连续性的思考和高度的认知，为客观合理公正的评价奠定良好基础。第一路是“教路”，主要是对教师的教学活动进行观察，了解教师对课堂的设计思路和对课堂的掌控情况，了解教师对重难点的选择和讲解的切入点，了解教师教学方法的使用，并就此表达自己的看法和思考。第二路是“学路”，要重点观察学生的具体表现，如学生是否能够积极主动地参与到教学活动中，在学习过程中是否能够保持热情高涨的状态，在课堂学习中能否与教师进行友好的互动交流，以及交流的频率等。第三路是“文路”，无论学情与目标是否相同，目标指向都是唯一且一致的，就是帮助学生更好走入文本，了解文本，在探索和学习过程中有所感悟，增强知识储备，提高专业技能，培养良好习惯，培养思维意识。一体主要是指“媒体”，知识的具体呈现途径是非常多元化的，有录像、多媒体、挂图、板书等。要重点考察教师对不同内容的呈现方式。听课者在听课的过程中应当加强对内在信息的捕捉和获取，及时记录自己在听课过程中的真实感受，为后续的沟通和交流奠定良好的基础；也需要摆正态度，听课并不是挑刺，也不是无脑褒奖，而是在听课过程中不断进行反思和感受，通过交流和反馈，更好地引导教师成长和发展。只有这样才能更好地确保听课者能够从盲目的状态中解脱出来，保持清晰的思路。

第三，课后“说长道短”。要对听课作出客观、公正的评价，评价者要依据标准着重评价以下四个方面：首先是教学内容的科学性与思想的正确性原则。衡量教师课堂教学质量的标准之一就是看其教学内容是否正确，传授的知识是否是科学的知识，这是最重要的。其次是教学方法。好的教学方法应该因材施教，是启发式、探究式或讨论式而不是注入式，“满堂灌”的方法。否则，传授知识的方法不当，内容再好，学生听不懂，自然不会有好的效果。再次，还要有一个良好的表达能力。同样一堂课，有的教师讲得有声有色、风趣可乐，学生聚精会神，有的却是平淡无奇，无吸引力，学生昏昏欲睡，或者叽叽喳喳、嗡嗡不断（排除有些实在不愿听的学生）。此外，教师的仪表、投入的程度及板书、多媒体运用熟练的程度等都是影响教学效果的重要因素。投入的程度是指教师在上课时是否专心致志、全神贯注。板书在教学中极为重要，如果写得乱糟糟的，谁能看懂、谁又愿意看呢？所以一定要整整齐齐，有条不紊。最后，要看师生的配合是否默契。一堂好课应该是教师和学生互相配合的合奏曲。一定要做到师生互动，充分调动学生的学习积极性才能收到好的教学效果。

在听课笔记本上，要留出“说长道短”的空间，积极发表自己的意见和看法，特别是要针对教师和学生两个主体进行相对较为客观、公正的评价。在“说长”

的过程中，重点是要突出教师的优点，例如，听课者在听课过程中所感受到的教师最为亮眼的优势，可以更好地肯定教师的优点和长处；在“道短”的过程中，要重点指出教师在教学过程中存在的不足，可以通过回忆的方式帮助教师了解具体情况，也可以通过摄像记录的方式呈现，针对教师存在的短处进行探讨和交流，提出自己更具有针对性的意见和建议。在评价过程中应当始终保持公正、客观的态度，要确保评价能够真正贴合教师的实际情况。同时，在听课笔记上也应当留出思考的空间和余地，听课者可以在听课的过程中多问一下自己，“若我是讲课的教师，在这一环节应当如何进行设计”，同时，也可以给上课教师提出一些问题，例如，在课堂教学过程中为什么学生参与的积极性不强，在与学生的互动和交流过程中是否可以转变交流方式，通过相互分享、相互探讨，更好地引发思考，加强对教学的更深刻的了解和认知，从而有效提高教学能力。

课堂教学质量评价可以是由教师发起的，如有些教师为了更好地加强对自我教学情况的了解和认知而组织开展评价活动，同样，也可以由任何一级教学组织开展。针对不同的课型，教学质量评价可以分为体育课、实训课、实验课、理论课等多个类型的评价，根据评价者也可以分为“教师用”和“学生用”两类评价表，其中“教师用”评价表可以用于多类人员对课堂教学实际情况的评价。

课堂教学质量评价表大多是由教学效果、教学方法、教学态度、教学内容等非常重要的组成部分组成，但也需注意，评价指标并不是单一且不变的，而是需要结合时代的发展情况，结合课程变革情况进行有效的调整，使其更符合社会发展的需要，更贴合行业发展的需求，从而有效地发挥评价的作用和价值，突出评价的有效性和实用性。

二、实践教学质量评价

高等教育大多是由课堂教学、实验课程及实训课程、生产实习、课程考核、毕业设计等组成，因此可以看出，实践教学体系在一定程度上是高等教育的重要组成部分和核心，也是影响高等教育特征的重要因素，对教育培养目标的实现有非常重要的影响。所以，必须充分重视实现教学质量。

高等院校在建立健全实践教学体系时应当充分突出素质结构分析和职业能力的基础作用，不断突出层次性和阶段性的特点，表现从对知识的感知、了解到实际应用的逐步递进，更好地符合行业发展需要，贴合产业变化的需求，要将岗位技能和职业素养放在同样的位置。对文科和理工科的实训设计都应当充分结合企业的实际运营情况和实际岗位需求，要充分凸显地方特色，从而有效提高实践教学体系的超前性和实用性。

企事业单位是学生开展实践、实习的重要环境，学生置身其中，能够真正感受社会行业中企事业单位的运行状况，能够更好地增强体验感，在实习过程中不仅能够有效提高技能水平，还能进一步加强对社会、对职业的了解和认知，从而有效提升学生的职业素养，培养学生的职业道德，促进学生进步和发展。

要加强对实践教学的质量监控。在实践教学的各个环节中都应当严格执行中华人民共和国教育部出台的相关文件中关于人才培养的评估要求，制定更具有针对性、更加明确、更加客观的标准体系，从而让指导教师能够做到有章可依、有章必依。各教学环节的质量标准包含毕业设计大纲、实验大纲、课程大纲等。教师要严格执行相关标准，加强对言行仪表的重视，贴合相关文件和制度规范的要求；质量监控的负责部门和工作人员应当通过随机抽查或专项评估等多种方式，加强对制度文件落实情况的监督与检查，有效确保制度文件能够落到实处，加强对全过程的监控，建立囊括教师和学生两部分的评价体系，有效提高实践教学质量监控与评价效果。

（一）对学生实训的教学评价

1．制定实训操作考核评分标准

建立专业建设委员会，丰富专业建设委员会的人员构成，积极引入企业管理人员、专业技术人员和教师等，通过充分探讨、调研和论证，充分结合行业需求和人才标准，充分结合具体的工作岗位和内容，设计和制定技能和知识。要包含考核的具体要求和主要方式、时间设计和安排、实训的预习标准和内容、评分的主要依据和标准等。评分项目的具体要求应当更加直接和明确，考核标准应当突出重点，量化分解应当更加合理和科学，同时还应当在一定范围之内保持灵活性，各项目都应当具备可操作性，如果条件允许可以提供标准图片或样品。

2．实训教学目标的实现

要严格执行实训教学的制度和规章，不断提高指导教师的教学能力和素质；

要加强道德教育和引导，确保教师能够做到公平、公正，一视同仁，严格按照相关标准对学生的成绩进行衡量和判定；在开展实训之前应当加强对学生的教育和引导，帮助学生更好地了解实训的具体要求，了解操作要点，了解成绩的判定标准和方法，也要积极听取学生对评价体系和评价内容的意见和建议；若学生在实训过程中成绩不合格或无法参加实训，则应当安排补训，在培训过程中不应降低标准和要求；相关部门应当加强抽查，加强对数据的分析，不断提高指导能力和水平。

3. 实训考核成绩的组成

实训考核中学生应会的内容所占的比例应当超过 50％，应知内容占比应当低于 30％，作为提问内容存在。而纪律遵守情况、劳动态度等应当占比 10％，实训报告占比 10％。

（二）对顶岗实习的教学评价

顶岗实习过程中，学生能够更好地面对复杂的工作环境，了解岗位的实际工作内容，获得更加真实的体验。因此，顶岗实习备受高等院校重视和青睐，成为实践教学体系中的重要形式。根据有关专家的观点和多数院校的总结，实习时间以一学期为宜（少数特殊专业除外），不宜过短，也不宜过长。

顶岗实习可以集中安排，也可以分散安排，但必须做到专业对口，以保证工作的真实性，保证实习的有效性。其主要环节包括职业指导、联系实习单位签合同、落实学生到岗、巡回检查、实习质量评价。

学生顶岗实习一般都存在“点多面广”的实际问题，可采用学校与企业共管的方式，由学校带队教师与企业聘任的兼职教师共同做好学生实习期间的管理工作。要建立健全学籍管理制度，突出校企合作，针对顶岗实习，加强学生管理，加强实习前申请，学校确认，结束后有汇报总结，学校联合实习企业进行评价考核。为了使工作得到有效落实，学校有关部门应与企业及双方的教师签署协议或责任书，明确各自的职责和义务。学校有关职能部门和领导人员应加强对顶岗位实习各环节工作和各责任人员的考核和工作质量评价，开展联合检查。杜绝顶岗实习专业不对口、走过场甚至“放羊实习”等放任自流现象，切实保证实习效果。按照协议规定，学校应及时支付企业和兼职教师有关费用，本校教师按照职责履行情况的考核结果兑现报酬，对工作成效显著的校企有关人员给予奖励。

学生实习成绩要通过实习单位出具的实习表现、实际操作能力、成绩评价、出勤率和实习报告质量及毕业论文答辩成绩等方面进行综合评定。要加大企业（实习单位）在学生实际评价中的比重，充分发挥企业在评价考核方面的作用。实习成绩以企业（实习单位）的评价为主，实习单位出具的实习表现应该包括思想品德、行为表现、遵守纪律、实习态度、团体合作和安全意识等方面内容。除在上述一般测评项目外，还可设置加分项目和减分项目，加分项目为：与实习单位签订就业协议，取得专业相关职业资格证书，参与技术革新，有关技能竞赛获奖证书等。减分项目为：发生责任事故、严重违纪等。学生顶岗实习之前必须明确考核评价的重要性及考核细则内容，了解评价方法及要求，督促学生重视并完成实习任务。

（三）让学生进行自我评价

在评价学生技能时，要引导学生加强对自我的评价和对他人的评价，通过评价的过程能够帮助学生加强对训练正确操作的了解和认知，更好地纠正自己的错误观念或错误操作，也能为后续个人的持续成长奠定良好基础。教师应当为学生的自评和互评提供相应的标准和内容，要针对学生的评价进行再次评价，要将学生自评和互评的能力也作为对学生考核的重要参考依据，教师在评价过程中也应当加强对学生评价信息的了解和参考。

（四）开展多元化评价

在评价过程中应当突出过程性的特点，突出评价方式多样化、评价目标多元化的原则；要积极通过论文答辩、实际操作、学生互评、学生自评等多种手段，有效营造真实的环境，让学生在相对真实的环境中进行操作，提高学生的操作能力和水平；在评价过程中要加强对学生原有基础和学习能力的参考和认可，要充分结合学生所提供的成绩单、职业资格证书等进行评价，注重个性化评价，由于每个学生的学习兴趣、学习基础、学习方法都不尽相同，因此在评价过程中应当更具有针对性和个性化，要强调对学生创新、创造能力的评价，鼓励学生积极进行创新、创造。在专业实践教学考核的改革中，探索形成性和总结性评价考核相结合的模式，把形成性考核贯穿于实践教学活动的全过程，以提高实训操作能力为目标，减少总结性考核的次数，增加以项目为单元的形成性测试。

第四节　专业建设质量评价与课程建设质量评价

一、专业建设质量监控与评价

专业建设质量评价的目的是促进专业建设水平的提高，促进产学合作提高人才培养质量和学生就业质量。评价时以专业为考核对象，一般来说，办学达三年的专业均应列入考核范围。考核内容主要包括教学工作、产学合作工作、学生就业工作等方面的内容，按学年进行考核，宜在每年的 8 月下旬对上一学年进行考核。考核程序为：第一，专业自评。各专业于每年 7 月前完成自评，经系（院）初评，向学院（校）考核领导小组推荐，同时提交自评表及报告。第二，考核领导小组评审。考核领导小组组织有关专家通过资料评审、现场观看实例（实物）的方式，调查、了解教师及学生的反映，抽查原始材料进行评审，形成的评价和结论交学院领导审定后予以公示。第三，公示。公示期满无异议后，报院长办公会批准。第四，审批。院长办公会批准后公布。

二、课程建设质量监控与评价

课程是组成教学计划的重要组成部分，是开展教学的重要前提和基础。教学效果和质量在一定程度上也会影响人才培养能力和水平。因此，课程是高等院校产出的重要作品。加强课程建设和优化是提高教学科学性的重要基础，也是教学质量监控与评价工作的重点。开展课程建设工作，有利于全面推进素质教育工作的开展，有利于教学思想、教学内容、教学方法的改革，有利于形成科学的考核办法，有利于教学基本设施的改善和师资队伍建设。近年来高等院校掀起了课程建设和课程改革的热潮，越来越多的学校认识并重视到课程建设和改革的作用，所以，课程建设的质量监控与评价工作也尤其重要。课程建设工作的指导思想是：明确目标、突出重点、分级建设、注重特色、质量为本。

课程建设的基本任务是：加强理论研究，制定目标，明确原则，明确指导思想，加强建设规划，优化系统建设，突出目标性、层次性、阶段性、计划性，加强课程体系建设，优化教学内容，建设系列课程，优化结构体系。

课程建设的基本内容包括：教学文件建设，教材与教学资料建设，师资队伍建设，教学内容和课体系的改革，教学方法和教学手段的改革，教学设施建设，与课程相关的制度建设，课程的网络化建设。

课程建设质量监控与评价的目的在于调动高等院校领导、教学管理部门和广大教师的积极性，更新教学思想和教学观念，加强教学工作的中心地位，推进课程教学改革和教学研究，提高课程教学质量和课程建设的管理水平。课程建设质量评价的原则包括：第一，以评促建、以评促改、重在改革、重在建设的原则；第二，条件、过程、效果评价三统一的原则；第三，定量评价与定性评价相结合的原则；第四，导向性、科学性、可操作性兼顾的原则。

第五章　高等院校教学质量监控与评价体系创新及优化

本章主要从“互联网 +”与高校教学质量监控及评价体系融合创新、高等院校教学质量监控与评价体系的优化方案两个方面介绍了高等院校教学质量监控与评价体系创新与优化的相关内容。

第一节　“互联网 +”与高校教学质量监控及评价体系融合创新

“互联网 +”的技术发展对教学改革产生了深远的影响，它不仅改变了传统的教育模式，也为高校的教学质量监控和评价提供了新的思路。在当前信息化时代背景下，高校可以利用大数据技术进行数据分析和挖掘，从而更好地掌握学生学习情况和教师教学效果，进而提高教学质量。因此，需要构建一个能够满足教育目标的教学质量监控与评价体系，以便能够更好地培养创新型应用人才，并且能够更好地分析和评估教育工作，以确保我们的教育成果得到更好的发展。

一、“互联网 +”与教学质量监控与评价融合创新的意义

（一）分析价值

随着信息化技术的发展，高校的智慧教室和教学平台已经逐渐普及。这些先进的教育工具为高校提供了更多的机会来实现教学质量的全面提升，同时也为高校的教学质量监控与评价工作带来了新的挑战。因此，如何将“互联网 +”的理念融入高校教学质量监控与评价工作中显得尤为重要。通过对智慧校园和智慧课

堂的深入研究，我们发现了大量的数据，并将其应用到了教学评估领域，从而发挥了巨大的分析价值。

（二）评价价值

通过大数据分析，可以更客观地评价教学过程，避免依赖于主观经验。通过收集、整理、挖掘和分析教师的行为、学生的状态和师生互动等数据，将其转化为“师生数据画像”，使得大数据在教学评价中具有重要的价值。

（三）诊断价值

利用大数据分析技术，能够从多方面获取有关教室内部的信息，从而更加准确地把握教室内部的状态，为教师提供有效的指导。此外，大数据分析技术还能够帮助教师及时发现教室内部的问题，并利用其丰富的教学经验，有效地解决这些问题。采取有效的措施，如利用大数据技术，我们可以有效地推进课堂活动，从而达到预期的教学效果。

二、“互联网 +”与教学质量监控及评价融合创新的特征

“互联网 +”时代的到来，使得大学的教育理念、教学方法和设施的发展更加迅速。为了确保教学的有效性，“互联网 +”提出了一种独具特色的教学质量监控与评估体系，它通过互联网收集各种教学信息，满足不同的需求，同时运用最新的数据存储与分析技术，实现对教学的有效管理，提升教学的质量与水平。通过“互联网 +”的指导，可以有效地检测并纠正教学过程中的不足，从而提高教育的有效性。这一过程表明，大学的教学质量监控与评估具有三个明显的特征。第一，充分发挥信息技术的优势，结合互联网与计算机技术，构建一个友好的 HMI 系统，以有效地改善教学质量的监控与评价。第二，将所有的信息转换成可衡量的数据，以确保教学质量评价的精准、可靠、公平，实现数字化的管理。第三，通过应用可视化技术，可以实时向受测者展示评估结果，以便他们对自己的教学进行反省，更精准地理解教学改革的重点，进而有效提升教学质量。

三、“互联网 +”与教学质量监控及评价体系融合的构成分析

（一）建立教学质量监控平台

随着“互联网 +”环境的普及，大数据、移动互联网、翻转课堂、慕课等技术的运用，让高校的教育模式变得越来越先进，信息化教学也迎来了一个崭新的阶段。因此，需要构建一种以教师为核心、学生为主导的新型教学模式，并且通过有效的教学评估进行实施。

当前，为了提高教学质量，高校正在努力开发和使用先进的信息化技术，包括网络教学、远程学习、学习资源共享、学习者社区等。此外，该监测平台还可以实时收集和分析学习者的反馈，从而有助于改善课堂教学的效率、质量、效果和学习成果。利用这个平台，用户可以查看行业技能要求、企业岗位需求等信息，同时，还可以结合当前市场状况，设计更加精确的评价标准，以此来更好地控制和检验教育质量。

（二）明确教育教学评价要点

“互联网 +”教育的革命性特征极大地推动了传统的教学模式的演变，但也带来了一些新的挑战。因此，应该充分利用信息技术，运用大数据的思维，构建一套全面的评估体系，以实现有效的定量分析，并及时向教师、学生、学校和有关部门提供有效的反馈，从而构建一个有效的人才培养闭环机制。

第一，现代大学的教育质量监管和评估体系建立在其坚定的办学理念之上，通过与专业的数据分析公司的紧密合作，不断收集、整理、分析校园内外的海量信息，从而更加准确地预测毕业生的职业发展趋势。

第二，为了提升教育质量，必须加强对信息技术的投入，构建一个全面的信息化教育体系，推动虚拟与现实相结合的教育模式的发展。

第三，基于平台提供的大量数据，将对课程教学进行深入分析，以提升专业教学质量，并建立一套有效的岗位技能匹配度评估和反馈机制，以满足企业需求。同时，还将对教学、课程安排等多个方面进行系统管理、监督和追踪，并利用及时的反馈机制，不断改进教育质量，以提升学习效果。

（三）评价与诊断的模块设计

在当今的高校中，重视课堂教学、专业培养和行业发展是提升教学质量的三大基石。因此，将积极探索三大模块的评价体系，并结合数据分析，更加精准地反映出高校教学的真实情况。在课堂上，应当着力确保教学目标的准确性、合理性、实用性，同时采取定量与定性分析的手段，对可能对课堂教学产生不利影响的因素进行实时监测，从而提高教学质量。例如，经过对出勤情况的分析，可以深入了解教师的组织管理水平、班级的活跃度、学习效果、学习成绩、学习氛围等方面的变化。此外，还可以深入探究课堂上的参与度、课后的完成度、教师与学生的互动程度，从而更加准确、全面地评估学习效果。经过实验评估，能够深入洞察实验的准确性、成功率、教学方式的有效性及其对学生的影响。

从专业角度来看，将重点关注课堂与课后的联系，以精确地评估各项指标的完成情况。随着当今高校教育的网络化和实践性的提高，将更加注重评估系数的合理设计和调整，并将相关数据以图表的形式展示出来，以便更好地反映学生的学习效果。经过对岗位技能和行业的深入分析，可以准确评估每一项关键技术的熟练程度，评估岗位技能的匹配程度，了解技能体系的状况，并为用人单位提供有效的分析报告，以满足其对专业知识的需求，同时也可以及时向学员和教职工提供有效的反馈，以提升企业的竞争力。

四、“互联网 +”与教学质量监控及评价体系融合创新的原则

（一）高度重视加强制度保障

随着“互联网 +”技术的运用，高校的教学质量监管和评估工作将更加严格，需要提供更多可靠、客观的信息，以便更好地支持“互联网 +”的发展。因此，高校应该坚持依法办事的原则，加强对教学质量的监管，提升教育服务水平，更好地满足社会的需求。

首先，为了提高教育质量，应该制定一个全面的涵盖各个阶段的评估体系。这样才能够更好地关注学生与教师，并且能够更好地进行交流，实现多种评估的目的。其次，为了更好地监控和评价教育质量，需要制定一套完整的流程，这将

对教育改革、教学反思、职称评定、人才招聘等产生重要影响。此外，这套流程还可以有效地激励和鼓励所有相关方面的积极参与，从而推动新型的教育质量监测和评估体系的发展。

（二）发挥数据平台基础作用

在“互联网 +”时代，高校教学质量监控与评价体系拥有卓越的功能，它能够提供准确的数据，客观地反映教学的真实状态，同时也能够通过数据的收集、分析、挖掘，发现存在的缺陷，进一步探究其原因，还能够提供多种形式的实时检测，有效地防止数据的重复输入和错误使用，从而达到改善教学质量的目的。为了更好地收集数据，数据软件平台应该提供多个端口，以便各部门能够快速录入和查看数据。通过优化数据的连接，确保数据的一致性，消除“信息孤岛”的存在，从而实现多维度、跨时期的数据共享和应用。为了确保用户的隐私安全，将采取措施提升用户访问权限，并严格遵守不泄露敏感信息的规定。为了确保数据的准确性和完整性，我们将提供全面的信息检验服务，并严格控制权限的划分，从而有效地防止不同级别的数据混淆，确保数据的真实可靠。通过可视化的方式展示数据分析的结果，使得教师能够轻松访问系统平台，并且可以随时对分析结果进行审核和修正。

（三）数据必须支持评价工作

由于数据冗余、失真及传输速率较低，严重阻碍了信息化和网络化教育的质量监测和评估。为了确保教学质量监控与评价平台能够发挥最大的效用，各方面应当积极参与，不仅要自动收集客观信息，还要及时完成数据上传、校对、检验、审核等工作，以确保平台的有效运行。通过对教学质量的监控和评估，可以更好地了解故障的根源，并能够及时发现并解决反馈结果中的问题，从而确保这个平台一直处于正常的运作状态。为了提高教学质量，管理人员需要经常与其他部门沟通，并对整个平台的运行情况进行广泛的调查和收集。通过对教学反馈的分析，可以发现并纠正存在的问题，并为平台的优化和改进提供有力的技术支撑。

五、“互联网 +”与教学质量监控及评价体系融合建设内容

（一）发挥多方面评价作用

为了确保教育质量的持续改善，应该加强校企合作，让企业更好地参与教育质量的监督和评估，并且完善和优化整个工作流程，以便更好地满足不同地区和不同类型的需求。首先，需要采用工程技术改进评估体系，构建一个智能、移动、可视的评估平台，以便尽可能多地收集教学数据，并及时提供有用的建议。为了更好地解决教学中的问题，我们应该与老师、学生和其他相关人员保持密切沟通。其次，为了提高教学质量，必须增加学生和合作企业的教学质量监控与评价权，以确保为课堂提供有效的支持。为了有效地改善教育质量，应当建立一个完善的校企合作的综合性评估体系，将企业的评估指标纳入考核范围，并且根据企业的招聘要求，不断完善院校的教育评估，同时，通过广泛听取社会各界的反馈，建立完善的监督体系，从而有效地提升评估的质量。最后，为了更好地提升教育水平，各大高校、院系和教研室应当建立一个完善的协调机制，包括有效收集教务处、教学督导及学生的反馈，以及采取多种形式的教学评估，如教师座谈会、学生座谈会等，以达到更加全面、深入的教育质量改善。

（二）采用动态性监控方式

通过严格的教学质量管理，可以确保实现教育目标，提高课堂教学的质量，并促进教学改革。随着信息化教育的普及，应该充分利用数字信息化的潜力，借助“互联网 +”的技术优势，建立一套有效的教学质量分析体系。通过利用大数据技术提取有价值的评估信息，以促进教育的有效实施。通过对教学流程的全面监控，可以构建一套完善的教学质量评估机制，并采用多种形式的考核，涵盖了管理、教学、课程、资源、学生、技术等各个领域，对教学情况进行全面的记录、分析、调整，最终形成云存储的完整记录。此外，高校应关注重要指标的反馈。为了更好地衡量教师的教学水平，需要加强对他们的道德品质的监督。评估指标应该符合国家的最新政策，并且可以添加新的指标以提高其准确性。此外，我们还需要优化和整合过去的评估指标，特别是要利用企业人才评估的方法以提供有效的信息支持。重新设计考核方案，建立一个动态的质量评估体系，定期对评估

结果进行测算，确保评估结果完全透明，以便实现公平、公正、公开的质量监督活动。利用互联网技术，可以深入探索有价值的数据，并运用大数据分析方法，获取准确、可靠的结论。

（三）采用全过程评价模式

随着改革的深入，教学质量监控和评价已经成为一个不可或缺的组成部分，必须建立一套完善的质量控制机制。通过完整的教学和管理信息收集，确保教学质量、评估标准及其监督机制的统一，既要提供教学资料，又要满足学生需求，确保所有的评估、反馈及纠错所使用的信息都是一致的、可比较的、可操作的。重要的是，将质量控制置于首要地位，并贯穿于整个人才培养过程。通过对教师、实验室、实践场地、实习活动的全面监督，可以更好地了解教学过程，并且还要特别关注专业、课程及实践活动的数据信息。通过智能化监控和评估，可以确保所有方面都能在综合平台上得到及时的教学反馈。另外，还应该以教学过程为核心，加强对课堂效果的实时监测。为了更好地评估教学质量，应该对教师、学生、领导、用人单位等进行全面的考察，并对所有相关数据进行综合统计分析，以便得出每月、每季度和每年的评估结果。通过严格的程序性监控，可以更好地了解高校教育改革的进程，并确定各个阶段的重点。这样，就能够全面地收集数据，并对高校的发展建设进行有效的监督。

（四）发挥好评价结果作用

在“互联网 +”时代，对教学质量的有效监督和评估不仅有助于提升教学水平，而且可以有效地利用评估结果引领教育改革，及早发现和解决存在的问题，从而促进教育的不断创新。为了提升教学质量，应该及时发布监测和评估结果，以便更直观地展示大学的教学情况。这样可以清楚地指出教师的不足之处，并提醒他们加强教学设计，改进教学方法，主动改变教学模式。为了确保教学质量，应该积极倾听学生的意见，并通过客观的数据分析回答他们的疑问。同时，也要及时回应学生的提问，并根据综合评估结果给予中肯的答复。经过全面的评估和反馈，充分利用教学评价的优势，尤其是在推进重要的教育工程、打造优质的课程体系、提升年级和专业水平等方面。这样就可以更加精准地利用数据挖掘技术，为院系教学改革提供指导。为了更好地促进教学改革，建议将这些教学反馈信息通过信息化平台进行管理，以便于所有相关人员能够快速下载并及时发布，确保教学质量的监控和评估结果的透明度。

六、线上教学质量监控与评价的实例研究

（一）确认数据来源

通过对高校线上教学项目进行的深入调查和分析，本研究旨在探讨如何有效地监督和评估这些课程的质量。为此，将采取一系列措施，包括仔细审查相关数据，并严格控制这些信息的来源。为了提升教育水平，许多高校都采取了在线授课的模式。管理人员使用先进的网络技术构建了一个完整的在线课堂系统，所有的教师都需要把自己的课程信息记录在这个系统中。通常，教师会选择直播和录播两种形式进行在线教育。前者的最大优势是它的数据具有动态性，学生可以清晰地观察老师的课堂讲解。如果遇到问题，这种方法的效率也会大幅提高，这种教学模式的教学质量也会有显著提高。此外，由于资源的共享，学生还可以多次观看授课视频，所以录制的数据信息更多地集中在学生对某个课件的点击次数上。通过有效地监测和评估，可以准确地了解学生的学习情况。当前的在线教学可以让学生通过互联网获得更多的知识和技能，因此，当教师通过这个网络平台进行授课时，学生可以实现实时的学习，同时教师也可以通过实时的视频和语音等多种形式，实时地收集和分析学生的学习情况，以便更好地了解当前学生的学习状况，从而更好地指导和管理学生的学习，满足学生的学习需求，同时也可以更好地实现教学目标。通过改进课程内容和方法，可以大幅提高教学质量和评估标准。在进行在线教学评估的过程中，教师应积极采取措施，通过设计合理的调查问卷，结合学生的反馈和实际学习情况，及时发现当前教学模式和方式的不足之处，并找出导致这些问题的根源，从而采取有效的改善措施，以提高在线教学的整体水平。

（二）分析监控后的线上教学质量

通过对学生的在线学习情况进行实时监测，高校教师可以更好地了解学生的学习状况。例如，当学生发现自己有疑惑或不清楚的地方时，他们会立即查看与之相关的视频资源。这样一来，他们的参与度和学习热情就会得到提升，从而使

得这些资源的点击率也会增加，但是随着时间的推移，这种提升的幅度也会越来越小，从而影响整个学习效果。由于学生当日对某个问题的印象较深，以及他们的学习热情较高，所以导致了这个问题的出现。然而，随着时间的推移，这些问题被解决后又会出现新的问题，这些视频资源会被遗忘，导致学习状态逐渐下降。因此，通过对在线教学质量的监控，可以发现学生存在多种学习问题，这些问题会直接影响他们的学习效果、学习状态和学习态度。

（三）分析监控后的线上教学评价

通过使用合适的网络信息平台，能够更加全面地了解学生的在线学习成绩。在进行教学评估之前，可以将多种因素纳入当前的调查问卷，以便了解当前学生的学习状态。例如，为了更好地了解学生的反馈，可以将调查问题的难度分为三个级别：难度较低、难度适中和难度较高。这样，就能够更好地了解学生的反馈，并且能够更好地调整教学方案和课程内容。此外，还需要注意学生的学习态度和使用的视频资源的时长，这些都会对教学质量产生一定影响，并且也会直接或间接地影响教学评估。因此，应该在设计调查问卷时，充分考虑多种因素，并运用科学的方法衡量教学效果。如果学生对在线课程的满意度很高，这表明这门课的设计非常合理。值得注意的是，在进行线上教学评估时，大学教师应该参考学生的反馈，并根据这些反馈制订新的教学方案。在制订这些方案的同时，还需要注意避免教学内容中的不合理的教学设计，改进当前的教学方法，可以大幅提高教学质量。

（四）线上教学质量评价与监控发展方向

1. 在线学习的整体效率

通过对线上教学的质量进行评估和监督，教师可以根据当前数据显示的情况，发现学生在这种方式下存在的学习问题。例如，网络课程可能会分散学生的注意力，因此，教师应当使用合适的大数据技术，为网络课程提供更多的教学材料和工具。由于许多学生在这种平台上都会面临数据冲击的困扰，很难集中注意力，因此，在这种情况下，教师需要采取措施，帮助他们改善这种情况，根据每个学生的个人需求和课程内容，制订具体的教学方案。在当前的网络环境下，教师需要清晰地定义课程的目标，并且预先安排好相关的教学任务和难点。此外，还需要加强与学生的互动，以帮助他们提高学习效率。为了实现这一目标，教师可以利用多种媒体资源，如视频等，来帮助学生解决学习中的疑问。通过这种方式，教师能够更有效地帮助学生，并真正解决他们在学习过程中遇到的困难。在线上教学中，教师不仅要准备充足的教案，还要深入思考学生可能遇到的问题，以便更好地应对突发情况并及时调整教学计划，以满足学生的需求。这样，不仅可以有效地提高教学质量，也可以让学生更加轻松愉快地接受知识。

2. 线上教学数据利用的依据

一方面，利用大数据技术，高校教师可以实时监测线上教学的质量，并将学生的反馈结果进行综合分析，形成一份完整的信息报告，以便更精准地评估教学效果，满足学生的需求。当前，许多高校正面临着极其严峻的挑战，因为学校课程内容多种多样，而且教学任务极其复杂，以致无法准确地处理各种类型的数据信息。因此，在这种情况下，他们的教学质量和评估结果可能会受到极大的影响，甚至可能会出现不可预料的后果。为了应对这一挑战，教师应该持续改进自身的思维模式，并结合最新的信息，以便更好地实施有效的教学策略。

另一方面，许多高校的教学评估存在一定的周期性，这会导致学生在听课过程中对课程的兴趣和参与度逐渐减弱。因此，教师应该在监控数据信息的同时，分析这些数据，找出集中学生注意力的方案。为了提高高校语文课程的教学质量，应该不断努力，挖掘线上和线下双向融合的教学资源，并通过建立协同教育体系等多种方式提升混合式教学模式的有效性。

第二节　高等院校教学质量监控与评价体系的优化方案

高等院校教学质量内部监控体系的优化是一项全过程、多层面的系统工程。唯有牢固地树立与时俱进的质量意识、创新发展的责任意识，营造全员参与、全程覆盖和全方位育人的氛围，常抓不懈、循序渐进，才能推动高等院校教学质量内部监控体系的不断优化。

一、把握教学质量内部监控核心理念

把握教学质量内部监控的核心理念，首先需要树立质量意识。高等院校教学

质量内部监控体系构建的根本目的在于提高人才培养质量，因此对每个环节、每个细节和每个监控点的设计，都要紧紧围绕这个根本目标进行。在高等院校教学质量内部监控体系的运行过程中，也要不断对现有的工作机制、工作过程和工作结果进行反思，确保能够及时发现人才培养过程中存在的质量问题，并能及时采取相关改进措施。除此之外，还要将质量与效益相结合，把学生的就业质量和家长、企业等利益相关者对人才培养工作的满意度作为标准，检验教学质量内部监控体系的有效性。

把握教学质量内部监控的核心理念，其次需要明确目标和标准。一方面，在高等院校教学质量内部监控活动中，每项工作、每个岗位和每名工作人员都要有明确的目标。高等院校可以，分层制定学校总体规划和各个部门、各个项目的规划，明确各部门、各项目的具体要求，并且将其细化到每一位参与者的职责范围内。在这种情况下，高校需要更加细致地明确每个部门的职责，并制定具体的工作目标。在高等院校中，有效的教学质量内部监控需要建立严格的标准，这些标准既可以用来衡量课堂教学的成效，也可以用来评估课堂教学的效率。在学生的监督方面，不仅需要评估育人的成效，还需要评估教学活动中学生的满意度。为了确保标准的可靠性和稳定性，必须及时进行调整，特别是在一个监测周期结束后，应根据所发现的问题及时调整监测标准，重新审视教学质量的核心原则，既要遵守规范，又要勇于创新。高等院校应当建立一套完善的规章制度，以保证其教学质量的有效性，并且明确每一步操作的具体步骤及实施的有效机制。为了提高教学质量，需要在所有教职员工和学生中强调遵守规则的重要性，并要求他们按照既定的标准进行工作和学习。“创新”意味着不断地对高等院校的教学质量进行内部监督，以确保其能够不断提升。为了更好地推进教学质量的内部监控活动，必须根据每所学校的实际情况，采取不同的监控方式，不能生搬硬套地模仿其他学校的做法，而应该以问题为导向，结合上级的政策文件的要求，并遵循教育教学规律，进行创新性的设计和优化。

二、提升教学质量管理的信息化水平

现代信息技术的快速发展为我们的日常生活带来了巨大的变革。它不仅可以帮助我们更好地监测教育质量，还能够通过实时数据收集、分析和应用提高监测的效率和准确性。为了进一步提升高等院校的教学水平，必须积极推进信息化的教育管理模式，建立一套全面的人才培养数据收集与分析体系，以便更加精准地评估人才培养的重要性，及时掌握各个专业的发展动态，从而形成一套完整的内部监控机制，以确保高校的教学质量。

为了更好地提升人才培养的水平，高等院校应当积极推进人才培养工作数据的收集和分析，以及将其纳入教学质量的内部监督体系，并且不断改进和完善。具体而言，高等院校可以开发和完善自身的人才培养管理信息系统，以满足教育主管部门的基本要求，并且能够与学校的教务系统进行有效的对接。为了提高人才培养的效率，需要组建一支专业的数据信息管理团队。这支团队将根据教学需求，优化数据结构，完善平台的功能，并进行有效的数据整理、分析和挖掘。此外，还需要建立一个完善的质量预警机制，以便及时发现并解决影响人才培养质量的各种问题。为了更好地提升信息收集的质量，需要建立一套有效的信息采集系统、强化大数据的价值观，使得遇到数据指标的缺失时，不再只是为了满足目的而填写，而是能够积极地采集、不断地改进。为了更好地提升学校的教学管理水平，应当建立一套完善的数据应用制度，建立一个定期的信息分析反馈机制，以确保投入与产出的有效平衡，客观地评估各个学院（系）和专业的教学质量和人才培养水平，为学校的发展提供可靠的参考，实现实时、动态、可持续的数据共享。

三、培育现代高校教育质量文化

高校的教育质量文化源于其多年的办学经验，它不仅得到了广泛的认可，而且也建立了一套完善的质量观念、目标、标准、评估机制及激励措施，使得这一群体的素养得到了有效的提升。提升现代高校教育水平已经成为高校教学质量内部监督机制的核心目标。高校的文化水平可以用一个金字塔型来表示，由基础的物质文化、行为文化、制度文化和精神文化组成。为了提升现代高校的教学水平，我们应该从四个方面着手，即筑物质文化、打造行为文化、凝练制度文化和弘扬精神文化。

第一，构筑物质文化。高校的物质文化涵盖了多个领域，其中最重要的是教育资源、教师队伍、课程内容及教室氛围这四个方面。这些都是衡量大学综合实力的标志。在这里，设施文化不仅涉及各类建筑物，还包含许多象征性的标志、服装等；环境文化是一种复杂的文化现象，它涉及政府、社会组织及个人之间的合作与发展，它对于提升大学的教育水平、促进学生的素质发展及提升毕业生的就业竞争力都起着至关重要的作用。

第二，打造行为文化。行为文化可以从多个角度来进行理解，而高校的行为文化则更加侧重于活动文化，它不仅体现了学校的教育理念、科研成果和社团活动，还包括各种礼仪文化及其他形式的文化内涵。行为文化反映了学校的社会氛围、价值观念及人际交往方式。

第三，凝练制度文化。通过建立健全的制度文化，高等院校能够更好地实施“以规育人”，实现更加严格的标准与规范。高等院校的制度体系覆盖了多个领域，从组织架构到管理流程，从法律法规到职业准则，从道德准则到行为习惯，都有着严格的规定。这是一个指引文化建设的指南针。

第四，弘扬精神文化。传播精神文化的重要性不言而喻，它体现在思想意识、文化价值观及社会环境中，是构筑文明的基石。在大学里，校园文化是一种具象的可以直观感受的精神文化，而校训则是这种文化的核心与灵魂。提升学校文化的核心在于找到精神上的共鸣。为了更好地实现其目标，高等院校应该明确其办学宗旨，并着力于培养一种独特的、有影响力的精神文化；采取有效的文化教育措施达成人才培养的目标，促进精神文明的发展。

四、完善教学质量监控主客体评价

通过建立完善的教育质量监管和评估体系，可以确保这些制度和措施有效执行，通过全面的评估实现监督工作的有效性。

（一）教学质量监控主体的评价

重点关注的是确定哪些内容应该受到监督，以保证教学质量。通过多种手段，如听课、教学检查、学生反馈等，可以更加全面、准确地监测和评估教学质量，这些手段的实施主体包括但不限于教务处、各系部、教研室等主体部门。由于评估的对象仅限于某一特定领域，而且仅仅涉及某些特定的内容，因此无法充分考虑高校教育中对于实践性、技术应用能力及学生综合素质的需求，从而无法准确地反映教学质量。为了提升新时代的教学质量，首先是建立多元的常规监督机构，包括教务处、系（部）教研室等，他们负责组织教学活动，管理和监督日常教学，通过教学检查、教师评估、学生评估，收集学生对教师的反馈。各高校在这方面都有丰富的经验，重点是完善监督和评估的指标、内容和实施措施，以确保教学质量的有效监督和评估。通过改进教学方法，可以大幅提高教学质量。构建“反馈—改进—再反馈—再改进”的评价体系。其次，设立一个教学督导小组，帮助克服传统监管机构的缺陷。最后，让被评估者作为教学质量的监测者，并且在评估过程中进行相互沟通，从而更好地了解教学中的问题。

（二）完善教学质量监控客体的评价

采用客观化的方法进行评估，一是不再只关注传统的课堂教学，而是把它与课外活动，如备课、批改作业和辅导，有机地融为一体，从而更加精准、全面地衡量教育质量。二是重新审视对于理论教学的评估方式，并将其与实际应用相结合，以提高教学水平。三是高等教育的宗旨在于培养具备专业技能的人才，因此，实践性教学的重要性不可忽视。通过全面的教学质量检测和评估，可以有效地提高高等教育的独特性和创新性，重新审视教师的教学水平，并将其作为衡量其综合素养和能力的重要标准，因此，强调教师必须拥有“双师型”的资格，才能满足高校的教学需求。四是将重点放在教师与学生之间的互动监督上，以提高整体教学质量。作为受教育的主体，学生的素质和能力将直接影响他们未来的发展，因此，企业应该根据毕业生的表现和需求，及时进行有效的评估和改进，以提升人才培养的水平。

五、优化高校院校教学质量监控与评价运行措施

（一）发布高校教育质量年度报告制度

为了保证高校的教育和教学质量，建议高校认真审核其质量年报，并积极采取有效的措施提升整体水平。

1. 保证教学质量全面化监控

为了确保高校的教育质量，必须对所有的学院实施全面的监督与管理。通过全面监控教学过程，对教师进行科学合理的考核评估，以提升高校教学质量和效率。

2．保证教学质量立体化监控

通过对课堂教学的全面监控，结合多种教学手段和资源，如环境管理、教学设计、教学评估等，实现对教学质量的全面把控。大学的教育目标是培养具有应用能力的专业人才，这就需要在课堂上进行实践性的教学。因此，大多数大学都会选择与企业合作，通过校企合作的方式来提供“校中厂”和“厂中校”的实习机会。通过全面、多维度的监督和评估，不断提升高校的教学水平，使其具有独特的优势和特色。

3．保证教学质量常态化监控

随着高等院校的不断发展，教学质量的监督已经从原先的对教师的检查和考核评估，转变为对教师、学生、教学方式、手段和资源的日常监督和评估。

4．保证教学质量全程化监控

为了保证高校的教学质量，必须实施全程化的监督。这包括对整个课堂的质量进行管理、监督和评估，以便更好地实施课堂计划、方法、工具等。通过及时、准确的分析、处理和反馈，可以不断地改进和完善课堂内容。

（二）建立健全高等院校教学质量监控与评价体系

1．建立多元化的监控主体

（1）教务处各系（部）及教研室构成常规主体。在学院领导的指导下，教务处负责制订全面的质量管理计划，积极组织协调，为二级单位提供指导。而系（部）则负责制订专业的教学计划，安排教学过程，推动教学建设，并且指导教研室的工作；教研室致力于根据专业教学计划和课程大纲，开展多种形式的教科研活动，及时反馈教学信息，分享教学经验，并为学生提供有效的辅导，以确保教师和课程的教学质量达到最佳水平。

（2）督导室及督导组构成专家主体。监督小组负责监管整个教学过程，包括定期的监测、抽样检查、审核教学资源、监控教师的教学质量、监督学生的学习情况、监督教师的教学方法、监控教师的教学方式、监控学习效果、监控学习者的学习状态、监控学习者的学习成果。他们还将收集相关信息，并提出反馈意见，为改善教学质量提供支持。

（3）各班级教学信息员构成学生主体。教学信息员负责收集学生对教师教学内容、方法、效果和态度的反馈，并定期将这些信息反馈给上级部门，以便他们能够及时地采取有效的措施改进课程的设置和教材的选择。

（4）专业教学指导委员会及用人单位构成社会主体。为了应对日新月异的市场需求，特别引入来自各行各业的专家参与高校的人才培养工作，他们将结合实际情况，编写一套全面而有效的人才培养方案，同时也不断地改进和优化专业教学内容，从而有效提升学生的就业竞争力。

2. 建立多视角的监控客体

随着教学经验的不断积累，传统的监控方式已经不能满足当今的需求，因此，采用多视角的监控方式更加科学、全面，其中包括监控课堂教学和课外活动的结合；通过理论和实践相结合的方式监督教学；对教师的综合素质和能力进行全面的监控与评估；监控教师教学过程与学生学习过程的结合。

参考文献

[1] 冉清文，曹瑞明 . 基于学生能力培养的教学质量监控与保障体系研究：兼论思政课教学质量监控与保障 [M]. 沈阳：东北大学出版社，2020.

[2] 阮先会 . 职业教育教学质量监控与评价研究 [M]. 北京：光明日报出版社，2010.

[3] 徐向艺 . 高等学校教学质量监控体系研究 [M]. 济南：山东人民出版社，2004.

[4] 刘晓平 . 北京邮电大学本科教学质量监控 [M]. 北京：北京邮电大学出版社，2007.

[5] 赵居礼 . 高职高专教育教学质量监控与教学评价体系的研究与实践 [M]. 北京：高等教育出版社，2004.

[6] 谭清国，朱蓉 . 有效体育教学及其质量监控体系研究 [M]. 成都：电子科技大学出版社，2018.

[7] 张安哥 . 教学质量保证与监控体系的理论与实践 [M]. 北京：北京交通大学出版社，2004.

[8] 左清 . 高等教育教学质量省级监控研究 [M]. 北京：教育科学出版社，2007.

[9] 石恒真，刘湘玉，陈文涛，等 . 高校教学质量保障与监控的理论与实践 [M]. 开封：河南大学出版社，2008.

[10] 夏明忠，任迎虹 . 本科教学质量标准与监控西昌学院的实践 [M]. 北京：北京理工大学出版社，2013.

[11] 梁旭 . 教学质量监控体系助力高校教学质量提升研究 [J]. 邢台学院学报，2023，38（01）：158−163+168.

[12] 张永鹏，孙洪生，王莹，等 . 教学质量监控保障体系在二级学院的构建与实施 [J]. 中国多媒体与网络教学学报（上旬刊），2022（3）：122−125.

[13] 陈丽娜 . 课程思政背景下高职院校线上线下混合式教学质量监控研究 [J]. 数

据，2023（1）：197–198.

[14] 罗翔，余小蕊 . 高校线上教学质量监控与保障体系探析 [J]. 中国成人教育，2022（24）：44–46.

[15] 赵永胜 . 高职院校线上教学质量监控问题与对策研究 [J]. 辽宁师专学报（自然科学版），2022，24（4）：64–67.

[16] 单好民 . 基于“三段 + 三维度”构建高校在线教学质量监控与评价体系研究 [J]. 湖南邮电职业技术学院学报，2022，21（4）：82–85.

[17] 王健，袁国军 . 新时代背景下地方应用型本科院校教学质量监控体系构建研究 [J]. 文教资料，2022（21）：156–159.

[18] 赵红卫 . 新建本科院校教学质量监控体系的困境与突破 [J]. 铁道警察学院学报，2022，32（4）：111–115.

[19] 杜梓平，阚宝朋 . 基于大数据的发展性教学质量监控与评价研究 [J]. 现代职业教育，2022（33）：37–40.

[20] 沈玲 . 职业院校在线教学质量监控评价体系研究——以湖北工业职业技术学院为例 [J]. 湖北工业职业技术学院学报，2022，35（3）：80–84.

[21] 旷昕 . 贵阳学院课堂教学质量监控与评价系统的设计与实现 [D]. 贵阳：贵州大学，2020.

[22] 朱姗 . 高职院校教学质量监控体系运行存在的问题及优化策略研究 [D]. 重庆：西南大学，2020.

[23] 钟婷 . 数据挖掘在高校内部教学质量监控中的应用研究 [D]. 成都：四川师范大学，2020.

[24] 汤鸣 . 高校教学质量监控与评价系统的设计与实现 [D]. 西安：西安电子科技大学，2019.

[25] 汤日红 . 中职课堂教学质量监控及其改进对策研究 [D]. 烟台：鲁东大学，2018.

[26] 顾康军 . 广州地区高校体育院系教学质量监控体系中信息反馈机制的运行现状研究 [D]. 广州：广州体育学院，2017.

[27] 姜华萍 . 高职教学质量监控与评价现状及对策研究 [D]. 福州：福建师范大学，2016.

[28] 权少辉 . 职业院校理实一体化教学质量监控及评价体系研究 [D]. 咸阳：西北农林科技大学，2014.

[29] 陈华 . 高等职业院校教学质量监控体系的管理研究 [D]. 福州：福州大学，2014.

[30] 刘月茹 . 师范类高校教学质量监控研究 [D]. 石家庄：河北师范大学，2012.